男の子の将来が決まる！
10歳までの「言葉がけ」

朝妻秀子
Hideko Asazuma

PHP

はじめに

「男の子って何を考えているのか、全然わからない！」

男の子を育てるお母さんなら、誰だって一度はこんなふうに思ったことがあるのではないでしょうか？


わが家では、第一子である男の子が、小学校に入って間もなく、毎日のように担任の先生や同じクラスのご父母から、苦情の電話がかかってくるようになりました。

クラスのお友達とけんかをしました。

提出物が、一学期の間、一度も出ていません。

授業中、別の教科の教科書が机に載っています。

――どんなに彼に言い聞かせても、あくる日には何かしらやらかしてきます。

申し訳ない気持ちと、彼に対するいきどおりと、自分自身へのふがいなさと不安で悩む毎日でした。

彼が二年生になったある日のこと、学校に行く前に彼の目を見て言いました。

「頭にくることもあるよね。でも、そのときすぐにけんかしないで、お母さんと一緒にどうすればいいか考えよう。おうちに帰ってくるまで、お友達とけんかしちゃダメよ。今度けんかしたら、学校にいられなくなっちゃうの。いい？」

「うん。わかった」

しかし、その日の夕方に帰ってきた彼は言ったのです。

「お母さん、ぼく、学校やめることにしたよ」

オイオイ！　そういうことじゃないんだよ……。

こんにちは。心理カウンセラーの朝妻秀子です。

心理カウンセラーになってもう十六年。現在は、心理学をいしずえに起業し、個人の方々へのカウンセリングを行う一方で、プロのカウンセラーを養成する講座で講師を務めたり、心理学により企業の経営や人材育成をサポートしたりしています。

私が心理学を勉強し始めたのは、三十八歳のとき。当時は、男の子と女の子の二人の子どもを育てる専業主婦でした。

きっかけは、冒頭に書いたような、自身の子育て、とりわけ男の子の子育てに悩んでいたことです。

冒頭のエピソードは、今となっては笑い話ですが、当時の私にはまさに悪夢としか言いようのない出来事でした。

私は、息子が小学校から中学校に通っている間、毎晩眠れないほど悩み、あの手この手で「彼をなんとかしなくては！」と必死でした。

しかし、心理学を勉強した今、あらためて当時の自分たちを振り返ってみると、その〝あの手この手〟が、じつは彼と私自身を歪《ゆが》めてしまっていた、ということに気づきます。あの日々のなかでよかれと思って私がしてきたことは、彼にとっては、マイナス以外の何物でもなかったのです。

子どもの頃の環境が、性格や能力の形成に大きく影響し、成人になってからもその人のあり方に密接な関係があることは、皆さんもご存じのことと思います。

それは、心理カウンセラーとしてクライアントの方々の相談にのっていると、日々何度も実感することでもあります。

私の子育ては、長い間失敗し続け、暗闇のなかをさまよい歩いていました。しかし、心理学に出合ったことで、明るい光を見出《みいだ》し、子育ての極意に触れることができたのです。

その極意を、まさに今、子育てに悩んでいるお母さんに届けたいと思ったのが、本書を書いた理由です。

●男の子には、無条件にかけられるプレッシャーがある

私のカウンセリングルームに来られるクライアントのなかには、現代の厳しい競争社会に疲れ、メンタル不調に陥《おちい》ってしまった成人男性が多くいらっしゃいます。

その原因を探っていくと、「幼少期の母親とのかかわり方」にあることが、少なくありません。

現代では、一見、男女の差はそれほどないように見えます。多くの女性が当たり前のように、「自立して生きていく」ことを望み、働く道を選んでいます。

しかし、これまでの慣習なのか、本質的に持ち合わせているのか、男性のほうが「家族の責任を担《にな》っていかなくてはいけない」というプレッシャーを感じていて、その分、不安も抱いていることが多い、ということが現実としてあります。

当たり前のように与えられるそのプレッシャーのせいか、**女の子よりも男の子のほうが、神経質で弱気になりやすい傾向があるようです。**

「学校や社会のなかで自分のポジションを見出せるかどうか」が気になり、そのなかでうまくやっていく自信が持てなくなって、不登校やひきこもりになってしまう男の子たちが非常に多いのです。

また、子ども時代は特に問題なさそうにしていても、じつはそれは周囲の人には見えなかっただけで、社会人になってから問題化する場合もあります。

たとえば、会社で些細《ささい》な人間関係のトラブルがあったり、何か小さな失敗をしたりしただけで、急に自信を失って鬱《うつ》になってしまうなどです。

わが国では、自殺によって命を落とす人が、毎年三万人近くいます。その男女比をご存じでしょうか？　じつは、どの年齢層でも男性のほうが多く、その比率はなんと七割近くを占めているのです。

●お母さんの力で、わが子を自律型人材に！

一方で、いきいきと活躍しているビジネスマン、夢を着々と実現させている若い男性もたくさんいます。

◎ストレスで心が折れてしまう人
◎自分の人生を豊かに築き上げていく人

この両者の違いは何だと思いますか？

今、企業や社会が求めているのは、〝自律型人材〟です。

企業に依存することなく、自ら仕事をつくり出し、目標を立て、信念を持って仕事に立ち向かう人材です。

これまでの古い決まりや偏見がどんどんとり除かれ、成果主義がうたわれる現代の流れをチャンスと捉えて、伸び伸びと能力を活かし、企業や社会に貢献できるタフな人が求められているのです。

そんな素晴らしい自律型人材になるのは、じつは決して難しいことではありません。なぜなら、**誰もが生まれたばかりの頃は自律型人材だった**からです。

赤ちゃんは、お腹がすけば、自らの力で泣いて知らせます。誰に教えてもらわなくても、気に入ったことがあれば、ケラケラと笑っています。人間社会に生まれ落ち、なんのルールも知らないなかで、自分の感性だけで行動しているのです。

それが大人になるにしたがって、「ここは自分の意見を言うのを我慢すべきところ」「ここは言ってもいいところ」などと、外部からの教育によって行動が決められてしまうようになります。

そうしているうちに、やがて本来の自分が感じていることが、だんだんわからなくなってきて、いざ社会に出たときに、急に「自らのアイディアで仕事をしろ」と言われると、戸惑うようになってしまうのです。

しかし、もし幼いうちに、お母さんがその子の持つ〝自律的に生きていく力〟をつぶさず、建設的に伸ばしてあげることができれば、その子の将来は明るいものになるに違いありません。

本書では、お母さんから男の子への「言葉がけ」を中心に、心理学に基づいた理想のかかわり方をご紹介しています。

心理学は、数多《あまた》ある理論や技法のなかから、今話題の**「アドラー心理学」**と、絶大な効果があると評判の心理学**「NLP（神経言語プログラミング）」**をとりあげています。

アドラー心理学だけでも充分に学ぶ価値があるものですが、そこにNLPの超絶テクニックを加えることで、読んだそのときから、どなたでも簡単に実践していただけるものにしました。

本書を参考に、**効率的で一貫性のある子育て**を実現してください。

すべての男の子が、人生に生きがいを持ち、ときにはがんばり、大いに楽しみ、かけがえのない友達や愛する人と出会って、自分らしい人生を歩んでほしい。私はそう思っています。

人生のなかでは、大きな失敗をしてしまったり、悲しい出来事に遭遇したりすることを避けては通れません。そんなときでも決してくじけず、何度でも立ち上がり、自分に誇りを持って、チャレンジできるような強く柔軟な心を持ってほしい、そう願ってやみません。

心理学には、そのように強く柔軟な心を持てる男の子に育てることのできるノウハウがたくさん詰まっています。

この本を読み終わる頃には、あなたの目がいきいきと輝き、「子育てってものすごく楽しい！」と思っていただけると、確信しています。

※本書では、「自立」と「自律」を次のように定義して使用します。

自立：自己のアイデンティティーを確立し、他者に依存せず、できることは自分の力で解決し、自分の力が及ばないときは、きちんと助力を求められること。

自律：自らの信念、価値観を持ち、それに添った生き方をする。自分の人生を幸せなものとするために、自分を自分の力でコントロールできること。

男の子の将来が決まる! 10歳までの「言葉がけ」

目次

第1章 ありのままの子どもを認める

第2章 「叱らない」「褒めない」子育て

第3章 その子のタイプを知れば、男の子の心がわかる！

第4章　男の子とのコミュニケーションをより円滑にするテクニック

第5章 向上心の高いお母さんほど陥ってしまう罠

第6章 男の子の将来を、輝かしいものにするために

ブックデザイン◎印牧真和
カバーイラスト◎タカノ ヒロヒコ

第1章

ありのままの子どもを認める

アドラー心理学より

「一〇〇点をとれなかった自分」を認められるか？

「自分のことを愛せない人は、他人のことも愛せない」

こんな言葉を聞いたことはありませんか？

私はカウンセラーとして十六年間、何千人もの相談を受けるなかで、「自分のことを認められる人は、他者を受け入れることができる」「自分を認め、他者を受け入れられる人は、社会に貢献できる」ということの実例を、何度も何度も見てきました。

その反対も同様です。自分のことを認められない人は、他者を許すことが苦手です。社会に対しても被害者意識を持ちやすく、「世間は冷たく、自分は傷つけられるばかり。こんな社会では、とてもやる気になんてなれない」と考えがちです。

自分を認め、他者を受け入れられる人は、多くの時間を幸せな気持ちで過ごしています。ときには、傷ついたり悩んだりすることもありますが、自分の力で解決しようと前向きに考え行動し、それでも解決できない難しい問題に直面したときは、助けてくれる人にも恵まれます。

しかし、「成果主義がうたわれる現代社会で、他者のことを許し、社会に貢献しようという姿勢で生きることが豊かな人生につながるのだろうか？」「綺麗事を言っても、所詮《しょせん》は競争社会なのではないか？」という疑問を抱く人も少なくないでしょう。

「アドラー心理学」をご存じでしょうか。

オーストリアの心理学者アルフレッド・アドラー（一八七〇〜一九三七年）が提唱した、「子育て」や「教育」に重きを置いた心理学です。

誕生したのは百年以上前ですが、わが国では最近になって注目され始め、ブームが起きています。

人気の理由は、現代の日本がようやくアドラー博士の言っていたことを理解し、受け入れられるようになったから。つまり、時代がアドラー心理学に、ようやく追いついたからだと私は考えています。アドラー心理学で書かれていることは、現代を生きるうえで、まさに今、必要な智恵なのです。

アドラー博士は、子育てをするうえでの目標として、次のように「行動」する、あるいは「思う（心理面）」ことのできる精神を持つ人間に育てることを定めました。

行動の目的：「自立すること」
「社会と調和して生きていくこと」
心理面の目的：「私には、自分の人生を自分の力で解決できる能力がある」
「他の人々は、私の仲間である」

「自分自身を能力のある人間だと認めることができ、他の人々を仲間だと思える心を持つことが、自立を可能にし、社会と共存することができる」ということです。

単なる綺麗事ではなく、自分を認め、他者を許し、社会に貢献しようという姿勢がある人こそが、この社会のなかで、自立して、社会にも受け入れられる人間になれるということなのです。

では、「自分を認められる人」とは、どのような人でしょう?

多くの人は、「自分に自信がある人」と受けとりがちです。

そして、「特別な能力があったり周囲より秀《ひい》でていたりしなければ、自信を持つことはできない」「自分を認めるなんて、普通の人にはおこがましいことなのでは?」などと思うようですが、これは誤りです。

自分を認めるというのは、まず、**「今のありのままの状態の自分を受け入れることができる」**ということです。

「本当は一〇〇点がとりたかったのだけれど、七〇点しかとれなかった自分がいるということを認める」ということです。

一方、ありのままの状態の自分を受け入れられないというのは、次のようなことです。

「こんなはずじゃない!」――現実の自分を受け入れられない
「こんな自分では、人間として価値がない!」――自分の存在を受け入れられないそのほかに、こんな形もあります。

「完璧な人なんて誰もいないんだ、別に七〇点で構わないよ」

これは、一見、自分のことを受け入れているように見えます。しかし、本当に七〇点の自分で満足しているのなら受け入れていることになりますが、一〇〇点を願っていたのなら受け入れていないことになります。

がっかりしたり、悔しがったりしている自分を受け入れていないわけです。

「こんなはずじゃない」「一〇〇点をとれない自分はダメだ」と考えるということは、裏を返せば「一〇〇点をとれなければ納得できない」と考えているということです。じつはこちらのほうが、傲慢《ごうまん》な考え方と言えるのです。

カウンセリングをしていると、最初は自分を受け入れることが苦手だったクライアントが、だんだんと自分の本当の気持ちと向き合えるようになっていく場面に、よく遭遇します。

「本当は一〇〇点だといいなと思っているけれど、今回は七〇点しかとれなかった自分がいるな。悔しい気持ちと、努力不足だった自分に反省の気持ちがあるな」

こんなふうに受け止められるようになると、

「じゃあ次の試験で少しでも一〇〇点に近づくには、どうしたらいいかな」

と素直に考えられるようになります。そうやって工夫を重ねていくなかで、少しずつ目標に近づいていけるようになるのです。

もし、どうしても苦手な領域で、これ以上の成長は難しいということがわかれば、そういう自分をしっかり受け止めて、もっと自分を活かせる別の道に進むことも考えられるようになります。つまり、「私には、自分の人生を自分の力で解決できる能力がある」と思えるようになっていくのです。

そして、自分を受け入れられるようになると、他者のことも受け入れられるようになっていきます。

「私にだって悔しい気持ちがあるのだから、他の人だって、ちょっとくらい嫌味を言いたくなるときもあるよね」「他人にはそれぞれ、得意なところ、苦手なところがあるんだな」などと思えるようになるのです。つまり、「他の人々は、私の仲間である」と思えるようになってくるということです。

ですから、子育てをするときに最初にすべきことは、**「自分を認める」ことができ、「私には、自分の人生を自分の力で解決できる能力がある」と思える男の子になるようかかわること**です。

それさえできれば、ほかのことは自動的にあとに続いてくるのです。

なぜ十歳までのお母さんの接し方が、男の子の一生を決めるのか？

では、「自分を認める」ことができ、「私には、自分の人生を自分の力で解決できる能力がある」と思える男の子に育てるには、どうしたらいいでしょう？

アドラー博士は、子どもを叱ることを否定しています。**「叱ったり、罰したり、恥をかかせることでは、行動は改善しない」**と言いました。それでは、自分を受け入れることができないからです。

たとえば、オモチャをなかなか片づけない男の子に、

「そんなこともできないの！　ダメでしょ！」――叱る

「そんなこともできないのなら、おやつをあげないからね！」――罰する

「まだできていないの？　本当にダメな子ね！」――恥をかかせる

これらのことを、アドラー博士は否定しました。

なぜなら、その言葉は次のような意味を含んでいて、すべて**「あなたは、あなたを認めてはいけない」というメッセージになってしまう**からです。

「そんなこともできないの！　ダメでしょ！」――そんなあなたは受け入れられない

「そんなこともできないのなら、おやつをあげないからね！」――あなたにはおやつを食べる価値もない

「まだできていないの？　本当にダメな子ね！」――そんな自分を恥ずかしいと思え

お母さんから叱られてばかりいると、男の子の心には、「お母さんに認めてもらえない自分はダメな存在だ」という思いがしみついてきます。

「自分は、きっと間違ってばかりいるんだろう。周りの友達が言っていることのほうが正しいに決まっている。みんなに嫌われないように、みんなに合わせて生きていかなくちゃ」

と思うようになるのです。そして、

「きっと、みんなはぼくのこと、バカだと思っているんだ。ダメなやつだと思っているんだ」

などと勝手に思い込んでしまいます。周囲から冷たい目で見られていると、錯覚《さっかく》するようになるのです。

本当は、自分が自分自身に冷たいのですが、

「どうせぼくはバカにされる。他人なんて冷たいものだ」

などと思うようになり、ちょっとしたことでも「○○に意地悪をされた」と感じてしまいます。

そのうちに、

「あーあ、ぼくは、他人に非難ばかりされている。だから幸せになれないんだ」

というように、自分の人生の責任が他者にあるかのように思ってしまうのです。

「叱ること」の弊害として出てくる状況を整理すると、次の二つのパターンが見られます。

①「こんなぼくが思いつくことなんて間違いだらけのはずだ。他人に頼らなければ生きていけない」↓他人の機嫌ばかりをうかがってしまう
②「こんなぼくが他人から認めてもらえるわけがない。どうせ他人はぼくをいじめるに違いない」↓他人に対して常に防衛的、もしくは攻撃的な態度をとってしまう

どちらにしても、他人に振り回されてしまい、自立的にも自律的にも振る舞えなくなっていきます。

一方、自分を認めることができると、自立の芽が育ってきます。

物事がうまくいかなかったとき、過度に自分を責めることはなく、他者や物に八つ当たりすることもありません。「あ！　失敗しちゃった。残念！」と、ありのままの自分を受け入れることができれば、失敗したのは、自分の責任なのだということを無理せず受け止められます。

自分に責任があるのなら、「次はがんばろう」という気持ちにもつながっていきます。これこそが自立の芽です。そして、そういった自立的な振る舞いをする男の子は、自然と周囲に調和していくことができます。

周囲の子どもたちにとって、うまくいかないことがあったときに、ほかの友達のせいにしたり、すねたり、八つ当たりしたりすることなく、自分の行動に責任を持てる男の子は、親しみやすいと感じる存在です。自然と友達の輪も広がっていくことでしょう。

①ありのままの自分を認めているので……

↓素直に自分の考えや気持ちを伝えることができる
②自分のことを友達もわかってくれるはずだ、と思えるので……
↓周囲に対して自然と親しみやすい態度がとれる

自分にも相手にも、無理のない関係をつくることができるのです。

自分を能力がある人だと認識できるかどうか、社会は自分にとって友好的であると思えるかどうか、という**〝各自の心のなかにある基盤〟を、アドラー博士は「ライフスタイル」と名づけました。**

詳しくは第6章で述べますが、人はこのライフスタイルを守って生きていこうと考えます。自分にとってどれほど窮屈なライフスタイルでも、人生を通して、これを基盤に生きてしまおうとするのです。

そしてアドラー博士は、**「ライフスタイルは十歳くらいまでに決まる」**と言いました。

つまり、男の子（女の子も）の将来は、十歳までに周囲から与えられた影響によって決まる、と言っても過言ではないのです。

もしもお母さんが、このことを正しく理解して、適切な言葉がけをしたり、体験を積ませていったりすることができたなら、男の子の将来はより明るく、楽しくなり、自立的でかつ自律的な人生を送れるに違いありません。

そのためにはまず、「ありのままのその子を認める」。この一歩から始めてください。

でも、実際にそれを行おうとすると、なかなか難しいのですよね。

「アドラー心理学」と第3章以降でご紹介する「ＮＬＰ」には、そんなお母さんたちを応援してくれる素晴らしい智恵がたくさん詰まっています。これから、一つずつご紹介していきます。

第2章

「叱らない」「褒めない」子育て

アドラー心理学より

叱ったり、罰したり、恥をかかせたりすることをアドラー博士は否定していると、第1章でご紹介しました。

「でも、実際の子育てで叱らずにしつけをするなんてできるのだろうか……」と不安に思う人もいるかもしれません。「そんなことをしたら、わがままで自分勝手な子になってしまうのでは？」という疑問も出てくるのではないでしょうか。

「原因」ではなく「目的」に目を向ける

多くの心理学は、原因を探り、そこから解決方法を考えるという手法をとっています。

つまり、男の子が何か問題行動を起こしたとき、まず「なぜそんなことをするのだろう？」と考えて原因を見つけ出し、その原因をとり除くことで解決していこうとします。

それに対してアドラー心理学では、〝問題の所在を原因でなく、目的に見る〟ということが特徴です。

何か問題行動を起こしているとき、**「何の目的で、そのようなことをするのだろう？」**と考えるのです。

たとえば、保育園に行く前に、だらだらとしていてちっとも支度をしない男の子がいるとします。

原因から探ろうとすると、「朝が苦手なのかしら？」「保育園で嫌なことがあったのかしら？」「根本的にマイペースすぎるのかしら？」などと考えます。

目的から考えてみるというのは、**「だらだらすることで、手に入れられるものは何だろう？」という視点に立って考えてみる、**ということです。

こんなとき多くのお母さんは、「早く支度しなさい！　ホントにあなたは！」と叱りながら、その子の着替えを手伝い、パンを口まで運んで急いで食べさせるでしょう。

しかし、「だらだらすることで、手に入れられるものは何だろう？」という視点から考えてみると、その子にとっては、「だらだらとしているうちに、お母さんが着替えを手伝ってくれて、パンを口にまで運んでくれる」ということが見えてきます。

多少ガミガミ言われますが、それさえ気にしないようにすれば、だらだらしていたほうがその子にとっては楽なのです。つまりその子は、だらだらしていることで、目的を達することができることを、毎日経験してしまっているのです。


こんなときアドラー心理学では、「問題行動の先にある目的を見つけ、そこにアプローチしたほうがよっぽど効果的である」と考えます。

「だらだらしていても、お母さんは支度を手伝ってくれないし、朝ごはんも食べられない」ということを経験したほうが、きちんとした生活態度を身につけることができるということです。

ですから、このような例では、お母さんは手を出さないほうがいいのです。

「時計の長い針がここで、短い針がここにきたら、おうちを出るの。わかった？」

または、

「テレビ番組でこのお話が終わると、おうちを出る合図よ」

などと、あらかじめやさしく伝え、実際にその時刻になったら、ごはんを食べ終わっていなくても、家を出てしまうのです。

このときに大切なのは、お母さんは「ざまあみろ」などという感情を絶対に持たないことです。「残念ね。でもしょうがないわね。さ、行きましょう」といった具合が理想です。

「約束の時間までに支度を済ませられないと、空腹のまま保育園に行くことになり、元気が出ないんだ」ということを経験から学ぶ。これが「叱らない子育て」の基本です。

自分の行動による結果を引き受けることで、自分の行動に責任を持つという自立の心も育ちます。

この「原因より、目的に注目する」というアドラー心理学の理論は、子育てをする親たちにとって、希望の星となる考え方です。

なぜならば、原因というのは過去にあることが多く、今、原因がわかったとしても、タイムマシンで過去に戻ってその原因を排除することはできないからです。

目的に注目すれば、「今、どうすればいいか」ということを考えればいいため、手の打ちようがあるのです。

男の子は何のために問題行動をするのか？

「原因」ではなく「目的」に目を向けて考えると、男の子が問題行動をする理由が、これまでとは違った視点から見えてきます。

そしてその「目的」は、次の四つに大きく分けられます。

①注意を引く
②権力争い
③復讐
④無気力の誇示

それぞれの内容と、その対応策を見ていきましょう。

目的① 注意を引く

お母さんがキッチンに立つと、男の子がまとわりついてくる。お母さんが電話で話し出すと、騒ぎ始める――よくある光景です。

理由は言わずもがな、「自分に注目してほしい」のです。

まんまと引っ掛かってしまい、料理の手を止めて男の子を叱ったり、わざわざ電話口をふさいで、男の子に向こうに行くように叱ったりしていませんか？　まさにそれは、男の子の「自分に注意を引く」という目的を成功させているのです。

男の子があまりしつこくするからと、電話の相手に謝り、いったん電話を切って、あとでかけ直すこともあるかもしれません。これでは、男の子の目的は完全に達成されてしまっています。

こういったことを毎日くり返していくなかで、**男の子は、「親の注意を引くために**

は、親が困るように、ちょっかいを出せばいいのだ」ということを学んでしまうのです。

▽▽▽「注意を引く」への対応策

効果的なのは、**男の子に注意を向けないようにする**ことです。

「そんなことをしても目的は達成できない」という経験をさせるのです。

男の子に悪意があるわけではありません。大好きなお母さんを独占したいだけなのです。ですから、普段から愛情を持ってかかわっていくことが一番です。

一人で、コツコツ積み木で遊んでいるときに、

「あら、カッコイイおうちができたわね」

とか、おとなしく食事をしているときに、

「上手に一人で食べられたわね」

などと、あたたかく声をかけてあげてください。

「問題行動を起こさなくても、ちゃんと注目してもらえる」「建設的な行動をしているときのほうが、お母さんは自分をよく見てくれる」という体験を積ませてあげるこ

とが大切なのです。

目的② 権力争い

男の子が言うことを聞かない——これもよくあることです。

約束の時間になってもゲームを止めない。散らかしたオモチャを片づけない。

「早く片づけて！」

「やだ！」

といった具合です。お母さんもだんだんカッカしてきて、感情的な叱り方をしてしまいます。

さて、この問題行動の目的は何でしょう？

じつは、〝対等なバトル〟です。つまり、**「自分は親の下という身分では嫌だ。自分にも、権力があることを示したい」**ということです。

ですから、同じ土俵の上に立って戦いを始めた時点で、すでに男の子は目的を達しているのです。

▽▽▽「権力争い」への対応策

まずはお母さんが土俵から下りましょう。さらに言えば、できれば土俵に上がる前に気がつくようにしましょう。

叱ってはいけないということは、男の子の言いなりになるということではありません。土俵に上がらないために、言いなりになるのは、間違っています。

「権力を行使するのではなく、それぞれ尊重するということが大事だ」ということを男の子に伝えていくことが大切なのです。

ですからお母さんは、**男の子に命令するのではなく、「男の子の存在を尊重したうえで、協力を仰ぐ」という感覚を持つ**ことが重要になってきます。

このとき、お母さん自身がへりくだってはいけません。自分の存在も尊重してかかわっていくのです。

たとえば、その日あなたはいつもより早く会社に行かなければならず、十五分前に家を出たいとします。男の子にも早く支度をさせて、保育園に送り届けなければなりません。

「早くしてよ！　ママは今日、早く会社に行かなければならないの」

こんなふうに言ってしまいがちですね。

でも、もし、自分自身が同じようにご主人に言われたとしたらどうでしょう？

「早くしろよ。今日は、早く会社に行かなくちゃいけないんだから」

ムッとしてしまいますよね。

子どもだからといって、尊重しなくていいということはありません。

「今日はママ、早く会社に行ってお仕事をしなくちゃいけないの。とっても、大切なご用があるのよね。ちょっと早めにお支度できる？」

普段から、こんな会話を心がけましょう。

「問題行動を起こして、権力を行使しなくても、ちゃんとあなたの存在は尊重していますよ」――こんなメッセージが届くように心がけてください。

これは、逆に男の子の側からお母さんにお願いするときも同じです。

「ママ、ジュース」

こんな言い方は、お母さんのことが尊重されていません。こういう言い方をしてきたときは、

「ジュースがどうしたのかしら?」

と問いかけて、その子がきちんと文章にしてお母さんに希望を伝えられるように、促《うなが》しましょう。

そうやって、お互いに尊重し合うことが大切なのです。

男の子を一人の人間として尊重すると、男の子の心に自立心が芽生えてきます。お母さんとの間に境界ができてくるので、心理的に少しずつ独立していくことができるのです。

目的③ 復讐

男の子の問題行動は、①の「注意を引く」という段階よりも、②の「権力争い」のほうが、少し深刻です。注意を引くのが軽いいたずら程度だとすると、権力争いの場合は、バトルです。

そして、これからご紹介する③の「復讐」は、さらに深刻度が増します。

たとえば、男の子が出しっぱなしにしていたオモチャを、あなたが誤って踏んでしまったときに、

「ママのバカ！　大事だったのに～！」

と、大泣きしながら癇癪《かんしゃく》を起こし始めたとします。

「ごめんなさい気がつかなかったの。でも、大事ならなぜ片づけておかなかったの？」

「(ギャー、ギャー泣きながら) ママの物も壊してやる！」

そう言いながら、お母さんの持ち物を床に投げつけ始める、などという問題行動を起こされると、親はどうしたらいいのか途方にくれてしまいます。

このような問題行動の目的は、「親に対する復讐」です。

男の子は、「自分が傷つけられた」と感じていて、その復讐として「お母さんのことも傷つけたい」と考えているのです。

▽▽▽「復讐」への対応策

ここでは、**男の子の思惑通りに傷つくことがないよう、お母さん自身がしっかりと感情をコントロールしてかかわる**ことが大切です。

「オモチャが壊れてしまったのは悲しいでしょうけれど、そもそも出しっぱなしにしていたのは自分なんだし、悪かったと心から何度も謝っているのに、もういい加減にしてよ！　何でそこまで私を責めるの⁉」――こんな気持ちになってしまわないよう気をつけましょう。それが男の子の目的だからです。目的を達することができれば、効果的な方法だとして、これからもくり返してしまうでしょう。

「本当に申し訳なかったわ、ごめんなさい。とても大切だったのね」

と心から謝り、男の子の気持ちを受け止めながらも、罪の意識は持たないようにしてください。

男の子の機嫌をとる必要はありません。それでもしつこく食い下がるようだったら、別の部屋に行くなどして、距離を置くことも必要です。

また、こういった場合は、ご主人やほかの家族などが間に入って男の子の気持ちを受け止めてあげるのも効果的です。

お母さん本人が対応すると、どうしても言い訳をしている形になり、男の子の心も頑《かたく》なになってしまいがちです。

「こっちに来てごらん。とても悲しかったね」

などと、家族の誰かが、傷ついた男の子の気持ちを受け止めてあげたうえで、

「お母さんも、とても申し訳ないと思っているみたいだよ」

と、相手の気持ちも察するように、促してみてください。

「皆がつらくならないように、これからはお互い注意をしようね」

というところまでたどり着ければ、理想的でしょう。

また、男の子の怒りがどうしても収まらないようでしたら、その場を離れ、自分で気持ちを処理できる時間を設けましょう。世の中には、思い通りにならないこともあるということを知ることも大切なのです。

幼いわが子が傷ついている姿を見るのはつらいものです。でも、世の中には、思い通りにならないことがたくさんあります。社会に出たとき、同じように自分の不注意で出しっぱなしにしていたものを、誰かが誤って傷つけてしまったとき、一方的に相手が悪いと思うのが正しいことでしょうか？　傷つく気持ちを受け止める心の強さを育てることも大切なのです。

男の子の機嫌をとることが習慣になってしまうと、男の子は「周囲の人が自分の機嫌をとってくれるのは当たり前」と、誤解してしまいます。

社会に出てからも、上司が厳しいことを言ってきた、同僚にきついことを言われた、などということで、たやすく心が折れるようになってしまいます。

「ぼくをもっと働かせたかったら、ぼくの機嫌をよくしてくれればいいのに」――自然とこんなふうに考えてしまうようになるのです。あなたの職場にこんな男性がいたら、魅力的だと思いますか？

もう一つ、とても大切なことがあります。

お母さん自身が、普段から男の子が傷つくような言動をしていなかったか、振り返ってみることです。その子のためと思ってかけている言葉でも、子どもにしてみると、傷ついている場合もあるのです。

たとえば、お母さんとしては男の子に奮起させようとして、「同じクラスのA君は、三桁の計算が暗算でできるんだって」などと、ほかの誰かを引き合いに出すと、男の子は自分を否定されたと受け止め、傷ついてしまうことがあります。

また、ほんの冗談のつもりで、家族や友達の前で男の子の性格や癖などを笑い話にしてしまうのも、本人としては傷つくものです。

幼い頃、親の言葉に傷ついていた男の子が、思春期以降になって激しい復讐をしかけてくることもあります。

今は素直に従っているように見えても傷ついている場合があるため、自尊心を傷つけるようなかかわり方はしないように気をつけましょう。

目的④ 無気力の誇示

「ぼくは、どうせダメだから」と言って、何に対してもやる気を見せない。こういう状態の男の子に対して、親は深く悩んでしまいます。

こういう子は、すべてのことに自信を失い、何事に対しても自主的に動こうとしなくなっています。四つの目的のなかでは、最も深刻な状態でしょう。

心のなかでは、「失敗するのが嫌だ」という気持ちが強く働いています。自分に自信がないので、「何かをすることで、失敗するようなことにはなりたくない」と思っているのです。一見無欲のようでいて、「絶対に失敗したくない」という強いエゴが働いています。

この問題行動の目的は何だと思いますか？　じつは、**無気力を示すことで、親から期待されないようにする**ということです。

ときには、お母さんがそんな男の子を不憫《ふびん》に思って、あれこれと手助けしてしまうことがあります。

「○○君と遊びたいけど、どうしたらいいかわからないよ。だって○○君は、みんなの人気者なんだ」

こんなふうに言われると、ついその子のことを不憫に思ってしまいがちです。そして、お母さん自らが相手の家と連絡をとり、遊びに連れていってあげる……というようなことがあれば、男の子は目的を達成してしまいます。

自分で遊びに誘ったら、断られるかもしれません。失敗を経験してしまうかもしれないのです。それを回避したいために、無気力を誇示し、不憫に思ってもらうことで、自分には期待をかけられないようにして、お母さんにミッションを与えているのです。

つまり、**自分が失敗することを受け入れられない**のです。

でも、世の中には失敗しない人はいませんし、失敗した経験を活かすからこそ、次のステップへと進むことができるもの。このまま男の子の目的が達成され続けてしまったら、失敗の経験を得ることのないまま、大人になってしまうでしょう。

▽▽▽「無気力の誇示」への対応策

こうした行動をしてしまう男の子には、**「勇気づけ」**が必要です。

自分が遊びたい友達なら、自分から誘ってみるように促してください。どうしても勇気がなくて声をかけられないのなら、仕方がないことです。お母さんが助けてあげる必要はありません。

声をかけられない、その状態のありのままのその子を受け入れてあげましょう。

「今日も、誘えなかったんだ。残念だったね。次はうまくいくといいわね」

また、声をかけたけれど断られてしまったときには、次のような言い方もできるでしょう。

「そうだったの。悲しかったね。今度、また誘ってみたら遊べるかもしれないわね」

このように、ただありのままのその子を受け入れてあげるのです。

うまくできる子だから尊重するのではありません。うまくできなくても、失敗しても、ありのままのその子を尊重してあげるのです。

そうすることで、その子自身も「失敗する自分」を、だんだんと受け入れられるようになっていきます。

「そうか、世の中にはうまくいかないこともあるんだ。でも、そんなぼくをお母さんはそのまま認めてくれているんだ」ということを体験できるのです。その体験をくり返していけば、無気力を誇示することはなくなっていきます。

問題行動のタイプを見極める方法

「注意を引く」「権力争い」「復讐」「無気力の誇示」。これら四つの問題行動の「目的」を見てきました。

あなたのお子さんの「目的」がどれに当てはまるか、わかりましたか?

はっきりこれとわかる場合もありますが、よくわからない場合も少なくないでしょう。

そこで、簡単な見極め方をご紹介します。

じつは、男の子が問題行動を起こしたときに、お母さんが抱いた気持ち、感情がヒントになります。

お母さんが、**イライラしたら**↓男の子の目的は、「注意を引く」
お母さんが、**怒りを感じたら**↓男の子の目的は、「権力争い」
お母さんが、**傷ついたと感じたら**↓男の子の目的は、「復讐」
お母さんが、**不憫な気持ちになったら**↓男の子の目的は、「無気力の誇示」

どうでしたか？　心当たりはありましたか？
ここで、あらためて対応策をまとめておきましょう。

①注意を引く
↓〈対応策〉注目しない。建設的な行動をしているときだけ注目する
②権力争い
↓〈対応策〉同じ土俵に上がらない。お母さんも権力を使わない。お互いに尊重

し合う

③復讐

↓〈対応策〉罪の意識を持たないようにする。日頃から男の子を傷つける言動を控える

④無気力の誇示

↓〈対応策〉男の子を不憫に思わない。ありのままのその子を受け入れる

このように、「原因」ではなく「目的」に目を向けて、叱ったり、罰したり、恥をかかせたりするのではないかかわり方を意識することが重要なのです。

子どもを褒めてはいけない

「叱らない」の次は、「褒めない」ことについてご紹介しましょう。

アドラー博士は、叱ることと同時に褒めることも否定しました。

じつは、褒めることは、自己肯定感を高めることにはならないのです。

子どもを褒めるためには、何が必要でしょうか？　何かしらの行動や結果が必要ですよね。

たとえば、「お片づけをした（行動）から、褒めてあげる」「一〇〇点をとった（結果）から、褒めてあげる」といった具合です。

大人は、子どもよりも多くの年月を生きています。そのために、子どもよりもたくさんのことを知っていると思い、子どもと接するときに、さも自分が最も正しいことを知っているかのように振る舞ってしまいがちです。

しかし私たちは、果たしてどの程度、正しいことや間違っていることを正確にわかっているのでしょうか？

自分の価値観だけで基準を設け、その基準を超えている・超えていない、ということで、褒めたり褒めなかったりするのは、多くの危険を孕《はら》んでいます。

誰の心のなかにも、偏《かたよ》った思い込みが多かれ少なかれ存在しているもの。褒めることによって、お母さんのその偏った思い込みを、そのまま子どもに押しつけてしまうということもあり得るのです。

「でも、褒めてあげればその子の励みになるのではないかしら？」——そのように思う人も多いでしょう。たとえば、テストでよい点をとったり、スポーツで試合に勝ったりしたときです。

子どもは、お母さんが大好きです。だから、褒めてもらえれば嬉しいので、それを糧《かて》にがんばって勉強することもあるでしょう。結果的に、成績がよくなっていく場合もあります。

一見、うまくいっているように見えますが、じつはそこに罠《わな》があります。

私のカウンセリングルームには、「社会に出てから上司に評価されないので、やる気がなくなってしまいました」と言って相談に来られる成人男性が、たくさんいらっしゃいます。

社会に出たら、仕事をして企業や社会に貢献することは当たり前だと思われているので、いちいち褒めてくれません。褒められること、評価されることを毎日期待してしまうと、かえってつらくなってしまいます。

また、**何か基準を設けて褒めるということは、「ある基準を満たした子だけを認める」ということ**です。第1章でくり返し述べた、最も重要な「ありのままのその子を認める」ということに、当てはまらなくなってしまいます。結果、その子は「ありのままの自分ではダメだ」というメッセージを受けとってしまうのです。

上司から認めてもらわないとモチベーションが上がらない社会人は、「ありのままの自分」を受け止められない状態になっています。「私には、自分の人生を自分の力で解決できる能力がある」と思えないので、上司の褒め言葉を必要としてしまうのです。

さらに、お母さんの基準を満たす行動や結果がなかなか出せない男の子は、どうしたらいいでしょうか？

褒められる子はしょっちゅう褒められ、なかなか基準を満たせない子はちっとも褒められない、ということになってしまいます。

そうかといって、基準を下げてできて当たり前のことを褒めるのも、男の子の成長にはよい影響を及ぼしません。

些細なことでも、「見て見て！　ぼく、これしたの。これできたの」と絶えず賞賛を求めるようになってしまうからです。または、「こんなことで褒められるなんて、ぼくはバカにされているんだ」と思ってしまう場合もあります。

ここで、「褒める」ことの弊害をまとめておきましょう。

①褒めるためには、基準が必要であり、その基準は主観的で偏っている
②褒める基準に達しなかったところは、「認めてもらえない。ありのままの自分を受け入れてはいけない」というメッセージになってしまう
③褒められることが多い子と少ない子に、分かれてしまう

「褒める」ことがなぜ男の子の自立心を奪ってしまうのか、ご理解いただけたでしょうか。

男の子に勇気を与える言葉は、「すごい！」ではなく「嬉しそうね」

すべての男の子が自立的でかつ自律的になり、「ぼくには、自分の人生を自分の力で解決できる能力がある」と思えるようになる、自己肯定感が生まれるかかわり方があります。

アドラー博士は、それを**「勇気づけ」**と言っています。

勇気づけとは、**その子がありのままの自分を認め、その自分をまんざらでもないと思えるように促していくやり方**です。

男の子が、
「今日、ぼく、初めて逆上がりができたんだよ！」
と嬉しそうにあなたに言ってきたとします。さあ、どう返したら勇気づけになるのでしょう？

「よかったわね！　すごいじゃない」

こんな言葉が浮かぶかもしれません。大好きなお母さんにそんなふうに言われたら、男の子はきっと嬉しいでしょう。

ただ、勇気づけという視点から言うと、ちょっと惜しいところです。理想的には、

「ずいぶん嬉しそうね。何か工夫したの？」

「ヤッター！　っていう顔をしているわね。今はどんな気分？」

こんな返答がいいでしょう。

「よかったわね！　すごいじゃない」と言うのと、何が違うかわかりますか？

じつは、**「すごい」という言い方には、評価が入ってしまっています。「できたからすごい」というように、結果に焦点を合わせている。つまり「すごい」は、褒めるときに使う言葉なのです。**

そうすると、その子がもし、

「クラスでぼくだけ逆上がりができないんだ」

と言ったようなときに、かけてあげる言葉がなくなってしまいます。

でも、勇気づけの言葉がけならば、

「がっかりしているみたいね。何か工夫できそうなことある？」

「元気がないね。どんな気持ちでいるの？」

と、こんなふうに同じように返してあげることができるのです。

これはつまり、「うまくいったあなたも、うまくいかなかったあなたも、同じように受け止めるよ」というメッセージです。そう、勇気づけとは、**「うまくいっても、いかなくても、自分は自分でいいんだ」という気持ちを持てるようにするかかわり方なのです。**

また、勇気づけの言葉は、特に何もないときでも、かけることができます。

普通はあえてとりあげたりしないようなことこそ、勇気づけの言葉が生きてきます。

たとえば、友達といつもと同じように仲良く遊んでいるのを見たあとに、

「楽しそうに遊んでいたわね」

ごはんを食べているときに、

「美味《おい》しそうに食べるわね」

といった具合です。

子育てをしているときには、自分の子の発達具合にも神経質になりがちです。ほかの子に比べて動作が遅いのではないか、言葉が少ないのではないかなど、どうしても気になってしまうことでしょう。

何か褒めてあげようとすると、つい比較検討のなかでわが子のよいところを探そうとしてしまいがちです。そして、「なかなか褒めるところが見つからない」というように思ってしまうことがあるのです。

勇気づけの言葉は、相対評価ではなく、絶対評価です。その子だけを見て、言葉をかけてあげることができるのです。

そのためには、(お母さんが思うところの)よい行いをしたり、よい結果を出したりしたときだけでなく、どんなときにも、勇気づけの言葉がけをしてあげることが大切です。

「勇気づけの言葉がけ」のポイント

勇気づけには、二つのポイントがあります。

①行動や結果ではなく、姿勢や気持ちに焦点を合わせる
②少し意外性のあることをフィードバックする

わが家で実際にあった例を挙げて、簡単に見ていきましょう。

▽▽▽①行動や結果ではなく、姿勢や気持ちに焦点を合わせる

何かをした、何かができたということでなく、「何かをしようとしている」「前向きな気持ちでいる」というだけで、勇気づけができます。

結果が出ていなくても、たった一歩を踏み出すことができれば、その一歩に勇気づ

けの言葉をかけてあげることができるのです。

「はじめに」に書いた通り、私には息子と娘がいます。心理学を学び始めた頃、当時十歳の息子に部屋を片づけるように言ったら、

「あとで」

という答えが返ってきたことがありました。

アドラー心理学を知る前の私でしたら、

「あとで、じゃないでしょう。早く片づけてよ」

と言っていたでしょう。

「あとで」。一体この言葉にどうやって勇気づけができるのだろう？　と、モヤモヤしましたが、突然ひらめいて、「あとでということは、あとでやるって言っているのよね、やらないとは言っていない……」と思い返し、

「OK、じゃ、あとでやってね」

と返してみました。

結果は、きちんと片づいたというレベルではなかったのですが、多少なりとも、片

づけをしました。ガミガミ言っていたときよりは数段の差があったのです。

たとえまだ一歩も踏み出していなくても、とりあえずその方向は見ている。そうだとしたら、その姿勢に勇気づけはできるのです。


こんなこともありました。

娘が小学校三年生のとき、無理のない程度の宿題が毎日出されていました。毎日、必ず出されているにもかかわらず、学校から帰ってきた娘に、

「今日の宿題は？」

と聞くと、五日のうち四日は、

「ないよ」

と答えるのです。

そんなはずはないと思うのですが、ここは黙って娘に任せておくと、そのままその日が終わってしまいます。時間割の準備も、翌日の朝になってからでないと始めません。

朝、登校する前になって準備を始めると、ランドセルのなかからしっかり宿題が出

てくるのです。

「あった！」

と。そして、あと五分で家を出なくてはいけないというときになって、急に宿題をやり始めるのです。

さて、こんなとき、どうやって勇気づけをしたらいいのでしょうか？

「Sちゃん、あきらめないねぇ」

と言ってみました。

満面の笑顔で、

「うん」

という答えが返ってきました。

▽▽▽②少し意外性のあることをフィードバックする

誰もそんなことぐらいで褒めたりしない。それができたところで別に偉いわけでも、役に立つわけでもない。そんな意外性のあるところにも、勇気づけの可能性は潜んでいます。

「○○君はボールを蹴《け》るとき、ちょっと、日本代表の△△選手に似ているね」

「○○君は、いろんな歌を知っているんだね」

お母さんが、本当にそう思ったとき、それを言葉にしてあげるのです。

すると男の子には、「あなたのそのままを見ていますよ。そのままのあなたで充分よ」ということが伝わります。

私の息子は、中学生になっても、ときどき歯磨きを面倒くさがるところがありました。ある朝、登校する前に、

「T君って、学校の制服、似合うよね」

と言ってみました。私は、息子の学校の制服が結構気に入っていて、制服姿の息子を見るのが好きでした。

その言葉を聞いて、なんと息子は、

「あ、歯、磨き忘れた」

と、洗面所に戻ったのです。ぷっと吹き出しそうになってしまいました。

こういった勇気づけを探す行動は、何より私自身が楽しくなりました。

「勇気づけできるところはどこだろう?」と探しているうちに、「この子はこの子でいいじゃないか」と、自分自身がありのままの子どもを認められるようになるのです。

娘の中学校では、数学と英語の授業で、習熟度別のクラス制度を採用していました。数学と英語に関しては、テストの点数によって、進み方の速いクラスとじっくり学んでいくクラスに分けられていたのです。各自生徒の理解度に対応した授業を行おうという学校側の配慮です。

どの生徒も習熟度の高いクラスを目指しなさい、などということはまったくありませんでした。にもかかわらず、心理学を学ぶ前の私だったら、何が何でも上(?)のクラスに入ってほしいと願っていたに違いありません。

ところが、娘は、「下(?)のクラスのほうが雰囲気が好き」という理由で、あえてテストに力を入れず、希望通り習熟度が低いとされるクラスで学んでいました。

そのことを、「学びたい環境で学べるのならよかった」と思える私がいました。心理学を勉強したことで、冷静に娘を観察し、娘の学びたい環境で学ばせるのが最適だと思えたからです。

小さなことかもしれませんが、私としては自分自身の変化に驚くと同時に、そんなふうに感じられるようになると、なんて人生は楽なのだろうと実感しました。

本書をお読みくださっているあなたも、お子さんのありのままを受け入れることによって、ぜひ肩の荷を下ろして楽になっていただきたいと、心から願っています。

第3章

その子のタイプを知れば、男の子の心がわかる！

NLPより

第1、2章では、アドラー心理学が理想とする子育てについて解説しました。アドラー心理学だけでも、充分すぎるくらいに子育てに役立つ情報が詰まっています。しかし本書では、そこにもう一つ、「NLP（神経言語プログラミング）」という、今、世界中で注目されている心理学をプラスして、より実践的で誰でも簡単に行動に移せる方法をご紹介していきます。

人は「視覚」「聴覚」「体感覚」の三つのタイプに分けられる

カウンセリングの場では、ときどきお母さんから子ども、特に男の子との相性について相談を受けることがあります。

「上の娘とは相性がいいのだけれど、下の息子とはどうも相性が合わなくて……」

「主人と息子は相性がいいみたいなのですが、私はどうもあの二人の世界に入っていけなくて……」

では、相性とは、どのようなものなのでしょう?

私はこれまで「親子の相性が悪い」と悩む多くの方々の相談にのってきましたが、そこでわかったことは、**相性の問題よりも、お母さんとお子さんのコミュニケーションのタイプの違いによって、食い違いが生じていることがほとんどである**ということです。

これは、「男の子との意思疎通がうまくいかない」といった悩みにも共通することです。

そのタイプの違いというのは、NLPのなかで用いられる**「代表システム」**によるものです。

NLPは、一九七〇年代に、アメリカのカリフォルニア大学に在籍していたリチャード・バンドラーとジョン・グリンダーが研究をスタートさせた心理学です。人の五感に注目し、「成功している人は、物事をどのように見たり聞いたりして、自分をどのような状態にセットしているのか」ということを体系づけてテクニックにしています。

たとえば人前でスピーチをする人に、「観客はカボチャだと思え！」と言うことがありますが、これはつまり「人前で堂々と話をすることができる人は、観客をカボチャのように思っているからであり、それを真似れば過度な緊張をせずに話すことができる」ということを実践させようとしているのです。

NLPもこれと同じように、「物事をうまく成し遂げる人たちは、状況をどのように見ているのか？」、または「周りの音をどのように聞いているのか？」といったことを研究し整理して、誰もが使えるテクニックにしたものなのです。そこから、「素人を一夜にして熟練工にしてしまう」「天才をつくり出す」などと称されることもあります。

そして、人生のあらゆる場面で使えるこのNLPには、特にコミュニケーションスキルに非常に役立つモデルがあります。

それが、「代表システム」と呼ばれるものです。

私たちは、何かを体験するとき、「それを確かに体験した」という実感を、五感から得ています。

視覚・聴覚・触覚・味覚・嗅覚で五感なのですが、NLPでは、特にコミュニケーションの観点から、**「視覚」「聴覚」「体感覚」**の三つに分けています。

体感覚というのは、手で触ったり肌で感じる触覚だけでなく、胸がキュンとしたり、身体がだるいといったような身体の内側の感覚や、なんとなく身体で感じる感覚もすべて含みます。味覚や嗅覚も体感覚のなかに含めて考えます。

代表システムとは、この、視覚・聴覚・体感覚の三つの感覚のことを指します。

たとえば、レストランで友達と食事をするとき、メニュー表を目で見て注文し、料理が運ばれてくるとそのにおいが食欲をそそり、目の前にいる友達のジョークを聞いて笑い、美味しい料理に舌鼓《したつづみ》を打ち、気がつくとすっかり満腹になっていた――という一連の出来事を体験したとします。

これらの出来事は、視覚・聴覚・体感覚からの情報により、自分は「それを確かに体験した」と認識できるわけです。

そして、その体験はまるで録画したかのように記憶にインプットされ、誰かにそのことを話そうとすると、再生されるように、見たことや聞いたこと、感じたことが思い起こされてくるのです。

ほとんどの人は、視覚・聴覚・体感覚の三つすべてを使っているものなのですが、じつはこの使い方は、人によって差があります。

「視覚からの情報をとり入れるのが得意な人」
「聴覚からの情報をとり入れるのが得意な人」
「体感覚からの情報をとり入れるのが得意な人」

という具合です。

そして、その体験を人に話すときも、視覚からの情報をとり入れるのが得意な人は「視覚」の情報を、聴覚からの情報をとり入れるのが得意な人は「聴覚」の情報を、体感覚からの情報をとり入れるのが得意な人は「体感覚」の情報を、それぞれ優先して相手に伝える傾向があります。

ＮＬＰでは、それぞれの優位な感覚に合わせて、次のようにタイプ分けしています。

視覚の優位な人を　V（Visual）
聴覚の優位な人を　A（Auditory）
体感覚の優位な人を　K（Kinesthetic）

そして、V・A・Kそれぞれのコミュニケーションには特徴があります。
たとえば、異なるタイプの三人が遊園地に行き、帰ってきてからその感想を述べたとすると、次のような違いがあるのです。

V「カラフルで面白い形のアトラクションがたくさんあったね」
A「遊園地で聞こえていたメロディーが、まだ頭のなかで鳴っているわ」
K「ジェットコースターでてっぺんに行ったとき、身体がキュッと固まっちゃったよ」

また、V・A・Kのコミュニケーションには、主だったところでは次のような違いが挙げられます。

V：早口で頭の回転が速く、状況をすぐに察知することができるが、早とちりをしてしまうことがあり意見がコロコロ変わる傾向がある

A：話すスピードはVの人よりはゆっくり、文脈がしっかりしていて、説得力のある話し方ができるが、理屈っぽかったり、言葉の細かい意味にこだわったりする

K：話すスピードは最もゆっくり、物事の本質を捉えて判断し、結論を出すまでの時間はかかるが、意見を翻《ひるがえ》すことが少ない。感覚で話すので何を言っているのかわかりにくい

あなたとお子さんのタイプはどれでしょう？

次に、簡単な「タイプ診断テスト」を載せました。ぜひやってみてください。

タイプ診断テスト

まず、あなた（お母さん）のタイプを知りましょう。

次の質問に、一番近いものを答えてください。

1 「クリスマス」と言われて、まず何を想像しましたか？

a クリスマスツリー、街のイルミネーションなどクリスマスを彩るもの

b クリスマスソング、鈴などの音。クリスマスという言葉そのもの

c 寒い感覚。チキンやケーキの香りや味。自分のなかにあるクリスマス独特の感覚

2　この前の休日は何をしていましたか？　……この問いでは、あなたがそれを思い出すために、何を想像したかを答えてください

a　いた場所の景色を思い出そうと試みた

b　それをした理由から思い出そうとした

c　身体にどんな感覚が残っているか感じとろうとした

3　「缶コーヒー」と言われて、まず何が浮かびましたか？

a　缶コーヒーの外観

b　缶コーヒーのＣＭで聞いたコピーやうんちく

c　味、香り

4　あなたのノートのとり方は、どれに近いですか？

a　カラフルだったり、矢印などの記号を多く使ったりする

b　ほぼ黒一色で、文章として成り立つような書き方をする

c 無駄な言葉は省き、キーワードだと思う言葉が目立つように書く

5 洋服を選ぶ基準で、一番近いものはどれですか？

a 見た目重視。スタイリッシュだったり、色が好みだったりするものを選ぶ
b 限定品や、値段の割に質のよい服、店員さんの説明に納得できた服を選ぶ
c 肌触り、着心地、動きやすさで選ぶ

6 旅行をするとき、何を基準に選びますか？

a 今まで行ったことのないところや、景色がきれいだったり、街並みがおしゃれだったりするところを選ぶ
b お祭りがある、有名なワイナリーがあるなど、行く理由があるところを選ぶ
c 一カ所でゆっくりできるところを選ぶ。もしくは自宅が快適なら旅行に行かなくてもいい

7　未体験のスポーツを習得したいとき

a　ビデオなど、プレーをしている映像を見てやり方を学ぶ
b　ハウツー本やウェブサイトでルールやプレーの仕方を読んで学ぶ
c　実際に練習をしてみて、身体で覚える

次に、お子さんのタイプを見てみましょう。
お子さんはどのタイプに当てはまると思いますか？
日頃のお子さんの様子から、お母さん自身が判断してみてください。

1　子どもの話し方

a　目についたことをどんどん話す。比較的おしゃべり

b　自分の興味があることについて、どちらかというと一方的に話す

c　自発的には、あまり話してこない。比較的おとなしい

2　気分、ご機嫌

a　喜怒哀楽《きどあいらく》がわかりやすく、比較的、簡単に機嫌を直す

b　あまり、気分に変化がない。ちょっとしたタイミングで機嫌が直る

c　お腹がすいた、疲れた、といったことで、ご機嫌斜めになってしまう

3　興味の対象

a　戦隊もののヒーローなど、カッコイイものが好き

b　言葉や数字（カルタやことわざの絵本、数字そのもの）などが好き

c　どろんこ遊び、ブロック、チャンバラごっこなど、手先に感触があったり身体を使ったりすることが好き

4　**お気に入りの服の好きな理由**

a　好きな色やデザインだから

b　ヒーローが描かれている、好きな数字が書いてあるなど、子どものこだわりが表現されているものだから

c　肌触りや着心地がよかったり、動きやすかったりするから

5　**子どもの見た目**

a　感情に応じて表情がクルクル変わり、わかりやすい

b　それほど表情は変化しない。クールな感じ

c　不安なときは眉間《みけん》にしわを寄せていたり、喜ぶときは恥ずかしげにしていたりと、機嫌が表情に出るが、奥ゆかしい感じ

6　**ノートのとり方**

a　カラフルだったり、矢印などの記号を多く使ったりする

b　ほぼ黒一色で、文章として成り立つような書き方をする
c　無駄な言葉は省き、キーワードだと思う言葉が目立つように書く

7　こちらが話しかけたときのレスポンス

a　すぐに反応が返ってくる。よく考えないで答えることもある
b　自分なりの理屈で、答えが返ってくる
c　ある程度の時間がたってから、返事が返ってくる。一度出した答えはまず変わらない

質問は以上です。
a・b・cのうち、一番チェックが多かったものはどれでしょう。

aが三つ以上あった人は、「V」視覚タイプ
bが三つ以上あった人は、「A」聴覚タイプ
cが三つ以上あった人は、「K」体感覚タイプ

それぞれのタイプの男の子の特徴

「タイプ診断テスト」の結果は、79・80ページのタイプの説明と合致しましたか？

先ほども述べたように、ほとんどの人は、V（視覚）・A（聴覚）・K（体感覚）のすべてを使っています。ですからこの診断でわかるのは、「どの感覚が、最も優位にあるか？」ということです。

しかし、生活しているうちに苦手な感覚も開発されていくので、子どもの頃に苦手だった感覚が大人になるにつれて上手に使いこなせるようになることも、少なくありません。そういう意味では、子どもの頃のほうがタイプが顕著に表れる、とも言われています。

Vの強い子どもは、すぐに頭のなかにビジュアルイメージを描くことができます。

ですから何かを伝えるときには、その言葉がその子の頭のなかでは絵になっていると想像して話してあげてください。少し込み入ったことを伝えたいときは、絵を描いてあげることも助けになります。

また、子どもの口からは、次から次にポンポンと早口で言葉が飛び出すかもしれません。

「そんなに早口で話したって、何だかわからないわよ」などと言わないであげてください。Vの強い子どもは、一つひとつの話題に重きを置かず、思いついたままに話す傾向があり、こちらがその内容に対して言うことは大して聞いていない場合も多いので、相づちを打ちながら聞いてあげるだけでも充分です。

Aの強い子どもは、音や言葉に敏感です。そして数字が好きな子が多いようです。

そのときどきのマイブームの数字があったり、カルタなどの文章をすぐに覚えることが得意だったりします。

言葉も意味を考えるより音で覚えるので、かえって言い間違いなどもあって、周囲を笑わせることもあります。私の娘は間違いなくAタイプなのですが、幼いときに節分で「オニは外、チクワ内」と豆をまいていました。よその家では福の神を呼んでいるのに、わが家はチクワでした。

Kの強い子どもは、話し方がゆっくりです。さらに要領を得ないことも多々あります。こちらものんびりと構えて聞いてあげてください。

どうか、「何が言いたいの？　早く話しなさい」などと急《せ》かさないであげてください。焦る気持ちが強い子どもになってしまったり、あまり考えないで適当に言葉を濁すようになってしまったりするからです。また、気持ちを言葉でなく態度で表現することもあるので、ボディランゲージにも注意してあげてください。そうすれば、子どもが考えていることが、もっとよく理解できるようになってきます。

男の子とお母さんのタイプが同じだったら？　違ったら？

三つのタイプでそれぞれにこのような違いがあるわけですから、当然、優位な代表システムが同じ人どうしは、コミュニケーションがスムーズです。その一方で、異なったタイプの人どうしでは、うまく会話がかみ合わないということもあります。

もし、親子の間で優位な代表システムが同じだったり、もしくは違っていたりしたらどのようなことが起こるでしょうか。

視覚の感覚の優位なVタイプのお母さんと、それぞれのタイプの男の子の組み合わせの例を見てみましょう。

▽▽▽【V（視覚）とV（視覚）】お母さんも男の子も、共にV

お母さん「今日は学校で何があったの？　あ、そうだ、国語で発表があるって言っていたわよね。あなたの順番は今日だったの？　ちゃんとできた？」
男の子「あ、バレちゃった？　本当は今日、ぼくが発表する番だったんだけど、まだ自信なかったから、次回にしてもらった」
お母さん「まあ、調子がいいこと。そうだ、今週、給食当番だったんじゃない？　エプロン持って帰ってきた？　忘れないうちに出しておいてね」
男の子「オッケー」

▽▽▽【V（視覚）とA（聴覚）】お母さんがV、男の子がA

お母さん「今日は学校で何があったの？　あ、そうだ、国語で発表があるって言っていたわよね。あなたの順番は今日だったの？　ちゃんとできた？」

男の子（もー、お母さん、早口だな）
「順番で言うと、ぼくだったんだけど、今日やっても、きっとダメだなと思って、先生にお願いしたら、次でいいって言ってくれたから、そうすることにしたよ」

お母さん「あらまあ！　上手に説明したのね。そうだ、今週、給食当番だったんじゃない？　エプロン持って帰ってきた？　忘れないうちに出しておいてね」

男の子（エプロン!?　お母さん、話が飛ぶな〜）
「うん、持ってきたよ。今出しておいたほうがいい？」

お母さん「そうね」

男の子（ん？　エプロン持ってきたのに、お母さんどこに行ったの？）

「お母さん、エプロン！」

お母さん「その辺に置いておいて！」

男の子（お母さん、適当だな……）

▽▽▽【V（視覚）とK（体感覚）】お母さんがV、男の子がK

お母さん「今日は学校で何があったの？　あ、そうだ、国語で発表があるって言っていたわよね。あなたの順番は今日だったの？　ちゃんとできた？」
男の子「えっと……」
（んー、身体に残っている感覚は、何だろう？　えっと、なんかモヤッとした感じだな。そうだ、ぼくやらなかったんだよな、えっと、お母さんには、どう言えばいいのかな）
お母さん（イライラ。この子、ちゃんと私の話、聞いているのかしら）
男の子（そうだ、次回にしてもらったって言えばいいのかな）
「こ、……」
お母さん「そうだ、今週、給食当番だったんじゃない？　エプロン持って帰ってきた？　忘れないうちに出しておいてね」

男の子（えぇ～、エプロン!?　エプロンは……）

「……」

お母さん（もうやだ、この子、何でぼーっとしているのかしら、そうよ、国語の発表がどうだったかまだ答えてくれていないじゃない）

「だから、国語の発表はどうだったのよ」

男の子（？？？）

このように、お母さんが同じように接していたとしても、男の子のタイプの違いによって、お母さんに対して抱く印象まで変わってきます。

もちろん逆に、お母さんが男の子に対して持つ印象も変わってくるということです。つまり、**今お母さんが男の子に対して持っている印象は、他のタイプの人がその子に対して持つ印象とは違う**、ということです。

ＮＬＰでは、それぞれが認識している世界をマップ、つまり地図と呼んでいます。

一人ひとり、違う地図を持って現実を体験しているのです。

わが子とはいっても、じつは、お母さんが現実だと感じているものとは異なった世界を体験しているということです。

なお、ここでは、「お母さんがＶ」の例のみを挙げましたが、ＡやＫのお母さんと、Ｖ・Ａ・Ｋそれぞれの男の子の組み合わせの例については、【巻末付録】（２０１ページ～）に掲載しています。ご興味のある方は、ぜひそちらもご覧ください。

タイプの違いを理解して、ありのままのわが子を受け止める

人によって、優位に働く感覚が異なることに注意して会話をすると、それまで見えていなかったわが子のことが、たくさんわかってくるようになります。

私の教える講座でＮＬＰのテクニックを習得したあるお母さんが、ママ友から、

「自分の五歳になる男の子とうまくコミュニケーションがとれない」という相談を受けたそうです。

ある日、そのママ友親子と一緒にレストランでごはんを食べているときに、ママ友が「美味しい？」と男の子に聞きました。その子は、しばらくしてから、ゆっくりコクリと首を縦にふったそうです。でも、ママ友はその様子を見ていませんでした。ママ友からすると、「美味しいか聞いているのに、子どもは返事もしない」という気持ちになっていたことでしょう。

ＮＬＰを知っている彼女はとっさに、「そう、美味しいんだね」とその子のボディランゲージに反応したそうです。男の子は、ちょっとびっくりした様子で彼女を見ると、とても嬉しそうに、またコクリとうなずいたそうです。

「そうか、この子はＫ（体感覚）の強い子なのね」と気づき、その後も男の子のボディランゲージに注目していると、たくさんの情報を発信していることに気づきました。そして、そのボディランゲージに合わせて会話をしてみると、ちゃんと成り立っていったそうです。

一方ママ友は、Ｖ（視覚）の強いタイプのようでした。そこで、この親子の間では今まで会話がかみ合っていなかったのです。

その後、そのKの強い男の子は、彼女の家に一人で遊びに来るようになったそうです。ママ友から、「あなたのことが好きみたい、あなたとだと気持ちが通じるのかしらね」と言われ、NLPの代表システムのことを説明しました。早速、ママ友も注意してその子とかかわるようになったそうです。

「少しずつ、コミュニケーションがとれてきた」と感謝の報告があったとのことでした。

男の子がV（視覚）でお母さんがK（体感覚）という例もあります。

その男の子は学校から帰ると、早口で次から次へとその日の出来事を話していたそうです。お母さんは、だんだんその子の話のスピードについていけなくなってしまい、いつもは、「まあ、それほど重要なことでもないでしょう」と、適当に生返事をしていたそうです。

そのお母さんは、タイプの違いがあるということを知り、男の子に、「ゆっくりお話ししてくれたほうが、お母さんは理解しやすい」ということを伝えました。

すると、それからその子はいつものように早口になりそうになると、自分で気づいて、「お母さん聞いてる？　わかった？」と確認しながら話を進めるようになりました。お母さんは、「この子はこんなに私にいろいろなことを聞いてほしかったのか」と理解したそうです。

また、私の知り合いに、お母さんも子どもも共にK（体感覚）の親子がいます。五歳の男の子ですが、少し長い時間、一緒に過ごしていると、疲れたり眠くなったりすることがあります。そんなとき、その子はあからさまに機嫌が悪くなり、不愉快そうな表情をして、床などでゴロゴロし始めます。

もし、お母さんがその子のことを理解できなかったら、きつく叱りつけてしまうかもしれません。また、ほかの人がいる手前、お母さん自身、恥ずかしさを感じてしまったり、自分のしつけの仕方に疑問を感じてしまうかもしれません。

Kの男の子の特徴として、快、不快を感じやすいということが挙げられます。体感覚が敏感なので、居心地が悪くなると、ほかのタイプの男の子に比べて人一倍、不調を感じてしまうのでしょう。

そのお母さんは、何事もないような感じで、「あ、はいはい、疲れてきたのね。そろそろ帰るわね」と、少し予定を早めて帰宅されました。

この二人は通じ合っているんだな、と私はほっとした気持ちで見ていました。

しつけはしつけとして、またの機会があります。こんなときに男の子を叱っても、何の効果もありません。人前で叱ったりすることで、恥ずかしい思いをさせてしまうデメリットのほうがずっと多く、それこそアドラー博士の否定する「叱ったり、罰したり、恥をかかせたりすること」そのものになってしまいます。

私は、NLPを知るまでは、このお母さんのようにわが子のことを理解してあげられませんでした。

私の息子はKなのですが、Vの私は、「どうして急に不機嫌になるの？　どうして、不機嫌をそのまま態度で表すの？」とずっと不満に思っていました。イライラし、同時に自分の子育てにも不安を持っていました。

今なら子どもに起こっていることをきちんと理解して、もっと効果的にしつけをすることができるに違いありません。

今までよくわからないと不安に思っていた部分も、「そんなことを思っていたのか」「そういう気持ちだったんだ」とわかることで安心します。

どの親もわが子には特別な愛情を抱いているものですが、わが子のことをきちんと理解できると、もっともっといとおしい気持ちになってきます。ありのままのその子を受け入れられるようになってくるわけです。

ありのままの自分をお母さんが受け入れてくれることで、その子自身もありのままの自分を受け入れることができるようになります。つまり、自立の芽を育てることができるのです。

アドラー博士は、「『他の人々は、私の仲間である』と思えるようになる最初の一歩は、『お母さんは自分の仲間だ』と思えることだ」と言っています。

V・A・Kを利用して、お母さんがしっかりとわが子との信頼関係を築くことができれば、社会性の芽をより伸ばしてあげることができるのです。

第4章

男の子とのコミュニケーションをより円滑にするテクニック

アドラー心理学+NLPより

第3章で述べたNLPのV（視覚）・A（聴覚）・K（体感覚）の「代表システム」は、ありのままの男の子を受け入れるのに役立つことを、ご理解いただけましたでしょうか？

NLPには、代表システムのほかにもさまざまなテクニックがあります。もともと、アメリカで大成功を収めた三人のセラピストの手法を、いいとこどりして集めた心理学なので威力は疑うべくもありませんが、実際に使ってみるとその効果に驚きの連続です。

第4章では、アドラー心理学が提唱している「勇気づけ」に役立つ、代表システム以外のNLPのテクニックをご紹介していきます。

バックトラッキング
——ありのままのその子を受け入れていることを伝えるテクニック

バックトラッキングは、ひと言で言えば「くり返し」です。

相手の言った言葉をくり返すということですが、次の三つの方法があります。

①相手の言葉の**最後の部分**だけをくり返す
②相手の言葉を**要約**してくり返す
③相手の言葉に出てきた**キーワード**だけをくり返す

男の子「A君の家、すごいんだよ。○ゲームも△ゲームも□ゲームもあるの。□ゲームやらせてもらったんだ、すっごく面白かったんだよ」
←
お母さん①「すっごく面白かったんだ」
お母さん②「人気のゲームが三つもあったんだ。□ゲーム、すっごく面白かったんだね」
お母さん③「□ゲーム！」

いかがでしょう、どの応答でも、会話が続きそうに思いませんか？

なぜなら、こちらの感想や考えを入れないで、男の子の言ったことをそのまま受け止めているからです。男の子はお母さんがありのままの自分を受け入れてくれているので、安心して次の言葉を出せるのです。

バックトラッキングは、どんな会話にも使うことができます。特に男の子がネガティブな感情を表現したときに使うと、効果が発揮されます。

たとえば男の子が、

「C君なんて嫌いだよ。意地悪なんだもん」

と言ったとき、私たちは、普通どのように応答するでしょう。

「意地悪なんて言っちゃダメよ」

または、

「何かされたの？」

こんなふうに言いがちではないでしょうか？

「意地悪なんて言っちゃダメよ」は、ありのままのその子を否定してしまうことになります。その子が友達のことを「意地悪だ」と感じたことは、事実なのです。大事なのは、そこから何を学び成長できるかということです。

また、「何かされたの？」とは、どんな目的で聞いているのでしょうか？

その子の答えを聞いて、それはいかにも意地悪だとお母さんが思ったら、何をしたいと思っているのでしょうか？　もしくは、その程度のことはよくあること、とり立てて意地悪だと言うほどのことではないと感じたら、どのようにしたいと思っているのでしょうか？

いずれにしても、**その子に質問をすることで情報を集め、お母さん自身がジャッジをしたり、解決方法を探ったりしたいという思いから出る言葉です。**

しかし男の子には、できる限り自分の問題を自分で解決するように促していきたいものです。それが自立につながっていくからです。

バックトラッキングならば、

「C君のこと、意地悪だと思っているのね」

このように返します。

いかがでしょう。このように返すと、次の言葉が出やすいのではないでしょうか？

このときのポイントは、

「C君が意地悪なのね」ではなく、
「C君のこと、意地悪だと思っているのね」と言うところです。

普段からこのような会話をしていると、男の子はお母さんの前で、自分のありのままの姿を見せることができます。それはつまり、「お母さんはぼくのありのままを受け入れてくれる」と感じているということです。

自分自身を認められるからこそ、「自分で物事を考えていこう」「自分が考えることはまんざらでもない」と思えるのです。

普段の何気ない会話のなかにこそ、「私には、自分の人生を自分の力で解決できる能力がある」と思える男の子を育てていくカギが潜《ひそ》んでいるのです。

ペース&リード
――自分の心と向き合ってもらうためのテクニック

「ペース合わせ」と「リード」が合体したものです。

ペース合わせというのは、会話を相手のペースに合わせるというものです。話すスピードやトーン、テンションの具合などを相手に合わせて話すのです。カウンセラーは、クライアントとなるべく早く、そして深く信頼関係を築くために、意識してこのような応答をしています。

男の子の代表システムに合わせて、会話のスピードを調節したり、ボキャブラリーを工夫したりすることもペース合わせです。

男の子が元気に張りのある口調で話すときには、こちらも同様に。また、落ち着いてゆっくり話すときには、それに合わせて会話をします。そうすることで、会話が進み、いろいろなことについて話し合うことができるようになるのです。

リードというのは、こちらのペースに引き込むことです。

男の子が感情的になって興奮しているときには、冷静になるよう働きかけたいですよね。そんなとき、このリードという方法を使います。

でも、興奮している最中の男の子は、どんなにこちらがゆっくり落ち着いて話そうとしても、冷静になってくれません。リードするためには、まずこちらからペースを合わせることが大切です。最初は、男の子の興奮状態に少し合わせて、こちらもやや興奮気味に応答します。そして、話すスピードを少しずつゆっくりとしていき、だんだんこちらのペースに引き寄せるのです。

泣きじゃくって、悔しがっている男の子に、

「サッカー、負けちゃったね。悔しかったね、つらかったね、残念だったね」

などと、やや早口で、興奮気味にその子に合わせて気持ちをくみます。

そんな会話が少し続いたあとに、ゆっくり、ひと言ひと言、間を置く感じで、

「B君からさー、パス受けたじゃない。そのあとC君につないだでしょ? みんなの動き、よく見えているなーって、お母さんびっくりしたよ」

たとえば、このような言い回しです。

男の子「あれはー（しゃくりあげ）練習のときからー（しゃくりあげ）できるかなってー（しゃくりあげ）思っててー（しゃくりあげ）」

お母さん「そうなんだ。練習のときから、こんなふうにパスが回せたらいいなって、ちゃんと考えていたんだ」

男の子「うん」
お母さん「じゃ、本番の試合で使えてよかったね」
男の子「うん」

ペース&リードの目的の一つは、表面的なことだけでなく、少し落ち着いて、その背後にある大切なことに気づいてもらうことです。

落ち着いてくると、負けただけの試合でなく、そのなかに成長の証《あかし》があったり、次につながるものが見えてきたりします。興奮状態では気がつかないことも、リードして落ち着かせ、じっくり心と向き合ってもらうことで、大事なことに気づくのです。

男の子は、叱られたり思うようにいかなかったりしたときに、興奮しやすいものです。そんなとき、どんなに言って聞かせようとしても、こちらの言うことは耳に入らないでしょう。

ペースを合わせたうえで、徐々にリードしていく。こんな技術を身につけることで、男の子の心に触れる会話が可能になるのです。

ミラーリング
――信頼関係を築くテクニック

ミラーリングというのは「相手の鏡になるような応答」のことで、**表情やゼスチャーなどを、相手と同じように動かすテクニック**です。

しかし、まったくの真似っこになってしまうと、相手に違和感を与えてしまいます。ですから、一部や、なんとなくの雰囲気を真似します。

男の子が首をかしげて話していたら、お母さんも少し傾けてみるとか、身振り手振りを交えて説明しているときには、お母さんもゼスチャーを交えて会話してみるといった具合です。

そうすることによって、親しみやすさが出てくるのです。

メタモデル
――男の子の可能性を広げるテクニック

「今日の朝食は何を食べましたか？」

と聞かれたら、どう答えますか？

「トーストとハムエッグ、それにサラダとコーヒーです」

このような答えが返ってきたとしたら、不自然さはないですよね。

ただ、実際の体験に比べたら、たくさんのことが省略されています。

トーストにしたのは、どこで売っているどんなパンなのか。ハムも、どのメーカーだったのか。卵はどのくらい火を通したのか、その他もろもろです。

こんなふうに、私たちは体験を適当に省略して言語化しています。

ところが、その省略されてしまったもののなかに、重要な要素が入っていることもあるのです。

男の子「ちゃんと買ってきてね」
お母さん「わかっているわよ。忘れないわよ」
　　　　…
お母さん「ただいま」
男の子「買ってきてくれた？」
お母さん「はい、オマケ入りのお菓子」
男の子「違うよ！　学校で使うコンパスだよ」
お母さん「それなら、早くそう言ってよ」
男の子「言ったよ。先週から言ってるじゃないか！」
お母さん「お菓子だって、昨日、忘れたからって怒っていたじゃない」

こんなことって、ありませんか？

また、自分にとって都合の悪いところを、さりげなく省略してしまうこともあります。

このように、**省略してしまった情報を聞き出すテクニック**を、ＮＬＰでは「メタモデル」と呼んでいます。

ところで、私たちが普段している会話のなかで、コミュニケーションを阻害してしまうものとして、「省略」のほかに、「一般化」と「歪曲」があります。

「一般化」というのは、ある限られた範囲にしか当てはまらないことを、まるですべてに当てはまるような言い方をしてしまうことです。

「今の若い子は、挨拶もしない」。こんな言い方が一般化です。「若い子」と、ひとくくりにしてしまっていますが、実際は挨拶する子もしない子もいます。

お子さんが、よくこんなふうに言いませんか？

「みんな持っているんだから、買ってー」

よく聞いてみると、持っている子は二〜三人。これが一般化の表現です。

「歪曲」というのは、その言葉通り、事実を曲げて表現することです。

「(妹の）Kちゃんがうるさいから、勉強ができない」

妹の声は、どのくらい勉強の妨《さまた》げになるのでしょうか？ もともとあまりやる気がなかったところに、妹が騒いでいたことで、余計イライラしたのかもしれません。

このように私たちは、原因と結果を意識的、無意識的につなげてしまうことがあります。これが歪曲です。

また、物事を勝手に解釈してしまう歪曲もあります。

「ぼくが発表したら、みんなが笑うんだ。バカにしてるんだ」

みんなが笑ったというのは事実ですが、バカにして笑ったのかどうかはわかりません。内容がユーモラスに聞こえたのかもしれませんし、微笑《ほほえ》ましくてつい笑いが出たということもあるでしょう。


NLPでは、相手の会話のなかに「省略」「一般化」「歪曲」が見られたときに、メタモデルを使って効果的な質問をしていきます。質問することで、「省略」されたものを修復したり「一般化」されたものを個別の事柄に戻したり、「歪曲」されたものを元に戻す働きをするのです。

男の子の言葉のなかに、言っている意味がよくわからないと感じたり、可能性を閉ざしてしまっているように感じたり、勝手な解釈をしてしまっているなと感じる部分があったら、メタモデルの質問を入れる合図です。

ただし、男の子が話しているときに、神経質にしょっちゅうメタモデルの質問を入れることは、絶対に避けてください。

私たちは、普段から「省略」「一般化」「歪曲」をしているものです。それほど問題のないときにはスルーし、ここは聞いたほうがいいな、というときにだけメタモデルを使うようにしましょう。そうでないと、いちいちつっこまれて、自分を否定されていると感じるようになり、あなたとの会話を避けるようになってしまいます。

「省略」「一般化」「歪曲」について、それぞれもう少し詳しく見ていきましょう。

▽▽▽省略

V・A・Kの違いや個人によっても差はありますが、一般的には女の子より男の子のほうが言葉数は少なめです。「男の子の話を何度聞いても要領を得ない」という経験をしているお母さんも多いことでしょう。

「あなたの言っていること、よくわからないわ」「もっとちゃんと説明してよ」と言いたくなるところですが、これを言うと否定的なニュアンスばかり届いてしまい、男の子はかえって話す気力をなくしてしまうでしょう。

そんなときに使うのが、**省略を補うメタモデル的なクエスチョン**です。


「誰が？」

「どこで？」

「どのように？」

「何と比べて？」


などが挙げられます。


たとえば、サッカー教室から帰ってきた男の子に、

「今日は、サッカーどうだった？」

とお母さんが聞いて、

「ダメだった」

と返ってきたとします。これが省略です。

ここで、「どうして?」と聞くことは、避けたほうが無難です。なぜなら、「どうして?」という質問は、相手を責めているように聞こえてしまうこともあるからです。こういうときは、**「どんなふうに?」**とか**「どんなところが?」**と聞くほうがいいでしょう。

「どんなふうに?」

とお母さんが質問して、

「思ったことが全然できなかった」

と返ってきたとしたら、

「へー、自分で今日はこうやろうって目的を持ってやっているんだね」

というように、男の子のなかに建設的な部分を見つけることができます。省略を補う質問をしてみると、意外な掘り出し物が出てくるのです。男の子自身も、その質問を受けることで、自分のなかの宝物を見つけることができます。

この例のように、「ダメだった」という言葉には、「どのようにダメだったのか」のほかにも、

「何がダメだったのか」

「何と比べてダメだったのか」

など、多くのことが省略されています。ですから、その場に応じていくつかの質問が考えられるでしょう。

「ダメって何が？」

「この前よりもダメっていうこと？」

こういった質問が、男の子のなかに埋もれている宝物の発見につながるのです。

▽▽▽一般化

「あーあ！　また計算ミスだ！　ぼく、いつも計算ミスしちゃうんだよなー」

「いつも」――これは、一般化をするときの常套句《じょうとうく》です。こんなときこそ、メタモデルの質問が効果的です。

お母さん「いつも？　計算ミスしなかったことだってあるでしょ？」
男の子「そりゃ、全部ミスするわけないいじゃないか」
お母さん「じゃ、ミスしないで計算できるときもあるってことよね」

このような会話が成り立ちます。

実際には、ミスをしないで計算できるときのほうが多いのかもしれません。このように、**何気なく「いつも」などという言葉を使ってしまうことにより、自分の能力を過小評価してしまったり、暗示にかかってしまったりすることもあるのです。**

ほかには、「皆が」「絶対」「決して」「～すべき」「～するしかない」「～できない」「無理」「～する必要がある」などが、一般化によく使われる言葉です。こんな言葉が出てきたときは、注意信号です。「絶対、無理」こんな言葉で、自分の可能性を閉じ込めてしまうことがあるのです。

男の子から一般化の言葉が出てきたら、例外探しの質問をしましょう。

「D君は怖いんだもん。命令に従うしかないよ」

こんなときには、

「もし、命令に従わないと、どんなことになるの？」

といった質問が効果的です。

男の子「ぼくをぶとうとする」
お母さん「そうしたら？」
男の子「逃げるよ」
お母さん「そして？」
男の子「うーん。逃げきれるかな。D君より、ぼくのほうがかけっこ速いしね」

解決できない問題が立ちはだかっているように感じるときでも、メタモデルの質問によって、突破口が見つかることがよくあるのです。

▽▽▽歪曲

「どうせぼくは、サッカーのコーチにダメなやつだと思われているよ」
勝手な解釈も歪曲の一つです。こんなときは、

「あなたには、それがどうやってわかるの？」

と質問してみましょう。

「だってぼくだけ、ドリブルの練習が五分多かったんだ」

これも歪曲です。

お母さん「ドリブルの練習が五分多いと、ダメっていうことなの？」

男の子「うーん。わかんない。違うのかな？」

お母さん「さあ」

男の子の解釈をうのみにしないことが大切です。疑えということではないのですが、誰にでも思い込みはあるものです。メタモデルの質問をすることで、悲観的に解釈していたことが、じつはそうでもないということに気がつきます。

歪曲には、

「お母さんが片づけてって言ったから、片づける気がなくなった」

というように、原因と結果を強引に結びつけているものがあります。

「どうせ、ぼくはみんなにバカだと思われている」

と、ほかの人の気持ちを勝手に解釈してしまうことも、事実を歪曲していると考えます。

「きっといいことなんか起こらないよ」

と、明確な根拠がないのに、未来を予測してしまうことも歪曲です。

また、

「こんなの間違っているよ」

というように、（誰にとって）間違っているのかが不明な言葉も、歪曲になります。この場合は、何がどう間違っているのかが欠如しているので「省略」でもあるのですが、ある事実を勝手に間違えていると解釈してしまっているので、歪曲でもあるのです。

男の子が、

「お母さんが片づけてって言ったから、片づける気がなくなった」

などと言うときには、

「お母さんの言葉で、どんなふうに気持ちが変わったの？」

こんな質問をしてみます。

男の子「やろうと思ってたのに、先に言うから」
お母さん「先に言われるとどうなの？」
男の子「自分からやろうと思ったのに」
お母さん「せっかく、自分から思いついたのにってことね」

それがどこまでどうなのか、本当のところはわかりません。実際、お母さんが言っても言わなくても片づける気持ちはそれほどなかったのかもしれません。結局、今日は片づけないのかもしれません。

でも、明日からはどうでしょう。もう、お母さんは「片づけて」とは言いません。本人は言われないほうがやると言っているのですから、「よし、自分から片づけよう」と思えるようになるかもしれません。あるいは、片づけないかもしれません。でも、片づけないときに、お母さんが言っても言わなくても片づける気持ちはそれほどなかったことに気づくことでしょう。

そういうことが大切なのです。**勝手な言い訳を自分でも信じ込んでしまうことが危険なのです。**

ミルトンモデル
――男の子の勇気を引き出す言葉

前に挙げたメタモデルは、男の子の発言の曖昧《あいまい》さを排除し、正確でわかりやすい表現になるよう促すものです。

ここでご紹介するテクニックは、それとはまったく反対のもの。つまり、**あえて曖昧に表現するテクニック**です。NLPのミルトンモデルと言われます。

あえて曖昧に言うことで、どんな効果があるのでしょう。

「今度の試合で、ぼくゴールキーパー、デビューなんだよ。大丈夫かな。相手のチーム、強かったらどうしよう」

こんなふうに言ってきたら、どのように答えてあげたらいいでしょう。

「きっと、大丈夫よ」

と答えるお母さんもいることでしょう。

じつは、これがミルトンモデルです。曖昧で、ある意味いい加減です。何をもって大丈夫と言えるのでしょうか？　メタモデルで考えたら、つっこみどころ満載です。

「今まで、たくさん練習してきたじゃない」

「今度の試合は、E君の誕生日と同じ十五日。きっとラッキーデーよ」

これもミルトンモデルです。

「たくさん練習してきた」の「たくさん」とは、実際にどのくらいの量かわかりませんし、練習量によって今度の試合が大丈夫ということには、必ずしも結びつきません。誕生日と同じだからラッキーデー？　これも、何の根拠もありません。

しかしこのような曖昧な言葉は、本人のなかでその答えを探そうと動き出します。

「そうだ、先輩のなかでも一番ゴールを決めるストライカーのシュートを何本も受けて練習してきたんだ」

「そうなんだよ、十五！　この前もクジが当たったからな」


そうやって、自分で盛り上げていくのです。


また、ミルトンモデルには、ことわざや決まり文句を使って「勇気づけの言葉がけ」をする方法もあります。

たとえばこのような言い方です。

「苦あれば楽ありって知ってる？　今日の努力はきっと報われるわよ」

その男の子が好きなアニメのキャラクターが言った言葉を使ってみるのも、効果的かもしれません。

ミルトンモデルは、男の子に勇気を与えるテクニックです。不安になっているとき、落ち込んでいるときなどに、ぜひ使ってみてください。メタモデルとミルトンモデルを活用することで、男の子はどんどん可能性を広げていくことができるのです。

思春期の男の子は、本当は会話を求めている

ここでご紹介したテクニックは、心理カウンセラーが普段、クライアントから相談を受けるなかで行っているものです。このテクニックを使うだけでも、相手との会話は格段にスムーズになります。

よく、「男の子が思春期を迎えると、親との会話が減ってきたり、反抗的になったりする」と言われます。また、「反抗期があるほうが正常で、ないとあとから問題が起こりやすい」などと言われることもありますが、じつは、必ずしもそれが正しいとは言えません。

男の子は思春期を迎えると、それまでよりも強く自分の考えや意見を持つようになります。自立するうえで、非常に大切な時期です。

その時期の男の子の考えや意見を、ここでご紹介したテクニックを使いながら尊重

して受け止めることができれば、男の子は親ともっと話したいと思うでしょう。

男の子は、自分の考えや意見を伝えたいのに、頭から否定されてしまったり、聞く耳を持ってもらえていないと感じたりして、無口になったり、わざわざ反抗的な態度をとったりするのです。

また、反抗する気力がなくなって、「親の言うことを聞いていればいいや」となってしまうと、社会に出てからより深刻な問題となって表に出てくることもあります。

お母さんが日頃から、ここでとりあげたテクニックを使って子どもに接していると、自然とその子のなかにも、こういったコミュニケーション能力がはぐくまれていきます。むしろ子どものほうが、早く習得するくらいです。

数週間ほどすると、子どものほうから、バックトラッキングやペース合わせをしてくるようになって、驚かれることでしょう。

今の若い世代はコミュニケーション能力が低い、などという意見をよく耳にします。しかし企業や社会は、コミュニケーション能力の高い人材を求めています。

家庭のなかで子どものコミュニケーション能力を磨いておくことは、その子の生涯を通じて、大きな力となるはずです。

第5章

向上心の高いお母さんほど陥ってしまう罠

アドラー心理学＋ＮＬＰより

ここまで読んでくださったあなたには、男の子に「勇気づけ」をすることが、いかに大切かをご理解いただけたことと思います。

しかし、言うは易《やす》く行うは難《かた》しで、慌《あわ》ただしい日常のなかにいると、つい男の子に対してイライラしたり、怒ったりしてしまうこともあるでしょう。

特に、しつけや教育に対して熱心で向上心の高いお母さんほど、一生懸命になりすぎてしまう傾向があります。

第5章では、このようにお母さんが〝つい〟陥ってしまう罠について、解説します。

「子どもの問題」と「お母さんの問題」を切り分ける

日常生活のなかで、お母さんと子どもの間に問題が生じることがあります。どちらかがイライラしたり、文句を言いたくなってしまうようなときです。

さて、ここで質問です。

家庭のなかでよく起こりがちな子どもにまつわる問題を、九つ挙げます。これらは、「子どもの問題」と、「お母さんの問題」に分けられます。

それぞれ、どちらに分けられるか考えてみてください。

①子どもの毎朝の身支度が遅く、たまに学校に遅刻する
②子どもが食卓の上に荷物を置いたままにするので、食事の準備ができない
③子どもが宿題をしょっちゅう忘れる
④子どもが勉強をしたがらない
⑤親戚の結婚披露宴に出席するのに、子どもが着古したTシャツで行くと言う
⑥せっかくつくったお弁当を、子どもが家に忘れていった
⑦子どもの寝る時間が、毎晩遅くなる
⑧子どもが自分から行きたがっていたはずの習い事に、行きたくないと言っている
⑨子どもが学校でいじめられたと言っている

答えは、「子どもの問題」が①③④⑥⑦⑧⑨、「お母さんの問題」が②⑤です。

——いかがでしたか？

判断基準は、「そのままの状態で不都合を感じるのは、誰か」です。

「子どもの問題」から見ていきましょう。

①遅刻して困るのは子ども
③宿題を忘れて困るのは子ども
④勉強をしないでいて、最終的に困るのは子ども
⑥お弁当が食べられなくて困るのは子ども
⑦寝不足で支障が出て困るのは子ども
⑧最初は行きたがっていた習い事に行かなくなって、つらい思いをするのは子ども
⑨いじめられて困っているのは子ども

そして、次の二つは、お母さんの問題です。

②食事の準備ができなくて困っているのはお母さん

⑤親戚が集まるセレモニーは大人どうしの交流の場であるため、家族がＴＰＯに反する服装をすることで立場がないと感じるのはお母さん

しかし、多くのお母さんは、次のように考えてしまいがちです。

「子どもが身支度をさっさとできなかったり、宿題を忘れてばかりだったりするのは、親としてしつけができていないということでは？」

「子どもの問題でもあるけれど、親の問題、親の責任でもあるのでは？」

そして、自分の責任であると感じて、どうしたら身支度が早くなるか、どうしたら宿題を忘れないようになるかを一生懸命考えてしまうのです。

これは特に、**熱心に子どものことを考える、向上心のあるお母さんほど陥りがちな罠**です。

じつは、このお母さんの行動が子どもの自立を阻《はば》んでしまいます。

「私がしっかりしつけをしないから、子どもがさっさと身支度できないのだわ」
「私の言い方が甘いから、宿題をやっていかないのかしら？」
このように、お母さんが子どもの問題を肩代わりしてしまったら、子どもはどうやってそのことを自分の課題だと思うようになるのでしょう？

「いえいえ、肩代わりしようなんて思っていません。どうしたらもっと早く支度ができるか、子どもに一生懸命教えているし、宿題を忘れるということはどういうことなのか、言って聞かせています」――そうおっしゃる方も少なくありません。

しかし、お母さんのこの考えを、子どもはきちんと理解しているでしょうか？ じつのところ、子ども、特に**十歳以下の男の子には、あまりピンときていないことがほとんど**です。

実際に現在、子どもの問題行動をあらためようと思っていろいろとやってみているのに、成果がまったく出ず、不毛な毎日を過ごしているお母さんも多いのではないでしょうか？

息子が幼い頃の私がまさにそうでした。彼が問題行動を起こすたびに言って聞かせたり、説教したり、怒ったりしていましたが、ちっとも改善しなかったのです。

私が説教している間、彼は、

「なんだかお母さん、困っているみたいだな。怒っているみたいだな。この時間、やだな」

この程度にしか思っていなかったことでしょう。今になってみると、よくわかります。

母親が思うほど、子どもはそれを自分の問題だと認識していないのです。

もし、遅刻や宿題忘れをくり返すようだったら、恐らく子どもは、それを問題だとは考えていないのです。実際、その子自身、大して困っていないのかもしれません。

大切なのは、「子どもの問題」と「お母さんの問題」を最初にきちんと見極めてから、それに合った言葉がけなどをしていくことです。

では、これら九つの問題について、お母さんはどう受け止め、どう振る舞ったらいいのかを、「子どもの問題」「お母さんの問題」の順に一つずつ見ていきましょう。

子どもの遅刻は、ほうっておいていい

――「子どもの毎朝の身支度が遅く、たまに学校に遅刻する」への対応策

子どもの問題

遅刻することは正しいことではない、という知識は教える必要があります。しかし、それを知ったうえで遅刻するのなら、それは子どもの問題なのです。もし子どもがそれを、「問題ではない」と感じているのなら、子どもに任せておくしかありません。

遅刻をし続けていれば、いずれこの先、何かの問題が起こり、遅刻をしたために手に入れられないものが出てくるでしょう。親は、子どもがそれを経験して自ら学ぶまで、待っているしかないのです。

もちろん、子どもの睡眠時間に気を配ったり、普段の生活習慣を規則的なものにしたりするなど、お母さん自身も含めて家族が心も身体も健康に保てるよう工夫することは大切です。

でも、**子どもが遅刻しないように車で送ってあげるなどということは、まったく必要ありません。**

毎日のように遅刻をしたら、お母さんも心配になることでしょう。でも、子どもの人生を長い目で見てみると、今、遅刻しないように子どもをサポートすることによって、失ってしまうもののほうがずっと多いことに気づくでしょう。

子どもの問題

お母さんが「約束を守る」ところを見せる
――「子どもが宿題をしょっちゅう忘れる」への対応策

勉強が遅れてしまうのではないかと心配かもしれません。でも、お母さんが隣に座って一生懸命サポートをしたところで、子ども、特に男の子に勉強をする習慣が身につくことはありません。いやいや従ったとしても、勉強の内容は頭に入ってこないでしょう。

本人にやる気がないのなら、そのままにしておきましょう。

それよりも、**お母さん自身が、日頃から時間や約束をしっかり守るところを子どもに見せておくことのほうが大切です。**

お母さんが子どもとの約束を忘れたり破ったりしていると、子どもは、「なんだ、約束ってそれほど重要に考えなくてていいものなんだ」と考えてしまいます。そうならないように、まずお母さんが、約束を守ることの大切さを示していく必要があるのです。

ただし、子どもに任せていて宿題を忘れ続けていると、学校側から、自宅でもきちんとしつけるように言われることもあるかもしれません。でも、生活習慣を整えたり、親が子どもの前で約束をきちんと守る姿を見せたりすることも立派なしつけなのです。

そんなときは、「いろいろと工夫しながら、子どもが自主的に宿題にとり組めるよう、家庭でも努力してまいります」と、堂々とおっしゃっていただいてよいのではないでしょうか。

いつか子どもが〝本気〟になるときに備えておく

――「子どもが勉強をしたがらない」への対応策

子どもの問題

今も昔も、この悩みを持っているお母さんは少なくないでしょう。まれに勉強大好きでほうっておいても机に向かう子どももいますが、ほとんどのお母さんは、子どもが勉強をしないと嘆いています。

ましてや元気いっぱいの男の子なら、身体を動かしたくて仕方がないため、机の前にじっと座って勉強するのを嫌がるのは当然です。

お母さんのなかには、子どもの隣に座って、厳しく指導しながら勉強を見る熱心な方もいるでしょう。「今日は、ここまでやらなくてはいけない」というように、ノルマを課すお母さんもいるかもしれません。

しかし、「脳は、ストレスによってダメージを受ける」ということが、最近になってわかってきました。特にダメージを受けるところは、海馬と前頭前野だそうです。

海馬は記憶と関係が深い部分です。強いストレスを受けると、この海馬が萎縮してしまうため、ものを覚えたり、思い出したりする機能が低下します。前頭前野は、おでこのあたりにある脳の一部ですが、人間の脳のなかでも最も高度な働きをする部分です。思考、判断、集中、衝動の抑制と関係していて、強いストレスがかかると、前頭前野の機能が低下して、思考力、判断力、集中力が低下し、衝動の抑制がきかない、つまりキレやすくなってしまうそうです。

子どもの能力を伸ばすためには、過度のストレスを与えないことが大切なのです。嫌がる子どもを机に縛りつけるようにして無理矢理勉強させるのは、その子にとっては、ストレス以外の何物でもありません。

子どもが学校の勉強に関心を持たなかったとしても、あまり心配しなくても大丈夫です。また、今日はどういう勉強をするか、しないかは、すべて子どもの問題です。子どもの勉強は子どもに任せておきましょう。

ただし、好奇心や物事を知る楽しさは養っていく必要があります。

好奇心があり、物事を知る楽しさを知っていれば、いつか子ども自身が勉強の必要性を感じ、〝本気〟になったときに、「知識を身につけよう」「資格や技術を取得しよう」と、前向きな気持ちでとり組むことができるようになります。

子どもの好奇心や物事を知る楽しさをはぐくむ一番の方法は、親子で〝知る楽しさを共有する〟ことです。これは算数、これは国語などという枠を超えて、世の中にある楽しいこと、不思議だと思うこと、初めて知って驚いたことなどを何でも話題にして、子どもと興味を持って語り合えばいいのです。

日常のありふれた事柄のなかにも、知らないことはたくさんありますし、今日遊びに行く公園にも、一緒に楽しめるものがあるかもしれません。それを感じる心を育て、その楽しさを親子で共有することを大切にしてください。

勉強をしたがらない子には、無理にさせるのではなく、いつかその子が〝本気〟になるときに備えて、「好奇心」と「知る楽しさ」をはぐくんでおく。それがその時期の子どもにとって、最高の学びになるのです。

子どもの問題

叱るのではなく「残念だったね」と言う

――「せっかくつくったお弁当を、子どもが家に忘れていった」への対応策

お弁当だけでなく、家に子どもが忘れ物をすることはよくあります。そんなとき、ついあとを追って届けてあげたくなってしまいますね。そして、子どもに渡しながら「これからは気をつけなさいね」などと、小言を言っているのではないでしょうか。

でも、忘れ物も子どもの問題なのです。子どもが忘れ物をしても、お母さんの生活には何も問題は起こりません。ですから、お母さんが感情を害する必要はないのです。

お弁当を忘れるというのは、子どもにとっては悲劇でしょう。お昼になってお腹がすいても今日は食べられないのです。でもその経験こそ、お弁当を忘れないようにするための大事な時間なのです。

叱ったり、文句を言ったりすることなく、

「お腹すいたでしょ。残念だったわね」

と言うだけでいいのです。

「せっかく、キャラ弁にしたのに、お母さんも残念！」

などと、お母さんの気持ちを表現しても問題ありません。

ただし「あなたが忘れるからそういうことになるのよ」など、罰《ばち》が当たったのだというような気持ちは持たないでください。

子どもの問題

「子どもの寝る時間」を過ぎたら、相手をしない

——「子どもの寝る時間が、毎晩遅くなる」への対応策

家族の生活習慣を健康的なものにするのは親の役目です。「子どもの寝る時間」を決めているご家庭も多いことでしょう。しかし、それにもかかわらず、子どもがゴソゴソと遅くまで起きているというのは、子どもの問題です。

約束の時間までは、子どもの話を聞いてあげたり、本を読んであげたりしてください。でも約束の時間を過ぎたら、大人の時間です。お母さんの時間もどうぞ大切にしてください。

子どもを叱りつける必要はありません。静かに、

「もう大人の時間だから、お母さんは、お父さんとお話ししているわね」

などと言って、そのままご夫婦で過ごしていればいいのです。子どもの相手をする必要はありません。

結局遅くまで起きていて、睡眠時間が短くなっても、翌朝は起きなければなりません。眠い状態で登校したり、昼間、眠気が襲ってきたりという体験をすることになります。

子どもはその体験から、早く寝たほうが毎日元気に過ごせる、ということを学ぶのです。

気持ちを受け止めるだけでいい

――「子どもが自分から行きたがっていたはずの習い事に、行きたくないと言っている」への対応策

子どもの問題

本人が習いたいというから通わせることにしたのに、「柔道に行きたくない」と言い出した。よい評判を聞いて入れたのに、「塾に行きたくない」と言い出した――こういったこともよくあります。

お母さんとしては悩むところでしょう。

「ここですぐに『行かなくてもいい』と言ったら、何でもすぐに放り出してしまう子になってしまうのでは？」

「せっかく少し上達してきたのに、今やめるのは惜しいのでは？」

などの思いが頭をよぎるかもしれません。

「習い事に行きたくない」という子どもの心には、何かしらの問題がある場合が少な

くありません。

そんなときにお母さんが、

「何よ、あなたが行きたいって言ったから、通い出したのに。早く行くわよ」

「いいから、早く行こう。行ったら行ったで、きっと楽しいわよ」

などとイライラしながら子どものお尻を叩くようなことは、どうか避けてください。

かといって、

「どうして？　何かあったの？」

と問いかけて、子どもが何かしら返答したら、「じゃあ、こうしたら？」「ああすればいいのよ」などと、実際にお母さんが答えを出そうとしてしまうのも、よくありません。

これは、子どもの悩みをお母さんが引き受けてしまっている状態で、子どもが自分で悩みを解決する機会を奪っていることになるからです。

こういうときは、102ページでご紹介した「バックトラッキング」を使って、

「そう、行きたくないのね?」

と言葉がけをするといいでしょう。

これは、「行きたくない」という子どもの気持ちを、ありのまま受け止めていることになります。

「あなたの気持ちはそのまま尊重しますよ」ということと、「これはあなたの問題なので、自分の気持ちに向き合ってみてね」ということが、この言葉で伝えられるのです。

視点を変えてみましょう。

たとえば、考えると気が重くなるミーティングが予定されている朝に、

「今日はあのミーティングの日だわ。会社に行く気がなくなっちゃうわ」

とあなたが言ったとき、ご主人に、

「今の会社はものすごく気に入っていて、転職できて喜んでいたんじゃないか。早く支度して、出勤しろよ」

なんて言われたら、どんな気持ちになるでしょう?

または、ご主人が心配して、

「何で気が重いんだい？　どんなミーティングなんだ？」

と尋ねてきて、その質問に答えたら、

「そんなことはどこにでもあるよ、そんなことで文句を言っていたら社会人なんてやってられないよ」

こんなふうに言われたら、「ああ、言うんじゃなかった」という気持ちになりそうです。

「よしよし、じゃあ、今日はケーキでも買ってきてやるよ」

……なんだかバカにされた気にさえなりそうです。

いずれにしても、「わかってくれていないな……」という気持ちになるでしょう。

しかし、

「そうか、会社に行く気がなくなってしまうほど、気が重いミーティングなんだね」

だったらどうでしょう？

「そうなのよ」と、少しほっとしませんか？　そして、「まっ、そんなこと言っていてもしょうがないんだけどね」と、自分でなんとかしなくちゃという気持ちになるのではないでしょうか。

このように、**誰の問題かを分けて考えることで、相手を尊重し、自分で問題を解決できるチャンスを引き出すのです。**そしてその積み重ねが、「私には、自分の人生を自分の力で解決できる能力がある」という心を育てていき、自立の芽を養っていくのです。

子どもの問題

不憫と思う感情に流されず、あたたかく見守る

――「子どもが学校でいじめられたと言っている」への対応策

いじめ問題は、お母さんが最も不安に思っていることかもしれません。

学校から帰ってくるなり、悲しい顔をして、

「F君たち、ぼくにひどいことするんだ」

と子どもが言ってきたら、お母さんとしては心中おだやかではありません。すぐに、事情を知りたくなり、多少なりとも重そうな内容なら、すぐに解決策を考えなければいけないと思ってしまっても無理もないことでしょう。

でも、これも子どもの問題なのです。

子どもの気持ちは充分に聞き、ありのままの子どもを受け止めてあげる必要があります。ただし、いじめのすべてに親が出る必要はありません。可能ならば、子どもどうしで解決するのが一番です。

集団生活のなかでは、残念ながら人間関係のトラブルはつきものです。これからの長い人生、どんなことがあるかわかりません。幼いうちから多少のトラブルは経験して、そのなかで解決できる力を養っていきたいものです。

相手の友達は、ちょっとからかっただけと思っているのかもしれません。相手にも理由があって、それ以前に自分のほうが傷つけられたと感じる何かがあったのかもしれません。すぐに親が出ていかなくてもいいことかもしれないのです。

わが子のこととなるとつい感情移入してしまい、「親である私がなんとかしてあげなければいけないのではないか」と思いがちですが、大げさに行動を起こすことで、子どもとの信頼関係がくずれる場合もあります。

「お母さん、何でF君のお母さんに『いじめないで』なんて言ったんだよ！　もう遊べなくなっちゃったじゃないか!!」

などということも起こりかねないのです。こうしたことがあると、また何かがあったときに、子どもはお母さんに話してくれなくなってしまいます。

お母さんがありのままの自分を受け入れてくれることで、子どもは何でも話すことができます。そしてそれだけで、自分の問題に自分で向き合う勇気をもらえるのです。

もちろん、肉体や精神にひどい暴力を受けているなど、子どもの生命が脅《おびや》かされるような重大な問題が起こっていることもあります。親は、子どもの様子を冷静に観察し、子どもの力だけでは解決できないような事態に陥っているようであれば、必要に応じて介入し、子どもの生命を守ることを最優先で考えなければなりません。

そういうこともあるからこそ、**日頃から子どもとの信頼関係を築き、子どもが「自分では無理だ。親に頼りたい」と思ったときに、率直に相談できる状態にしておくこと**が、とても大切なのです。

また、子どもが幼いうちは、はっきりとした意思表示ができないので、誰かにいじめられていたり、不条理な立場に置かれたりしていると、親としてはどうしても不憫に思い、黙っていられなくなってしまいがちです。

普段、大人の社会で理性的に生活をしている人でも、お母さんという立場になると、わが子が中心になって、現実が歪んで見えてしまうことがあります。本人に自覚のないまま、周囲の人に対して非理性的で感情的な対応をしてしまうことも少なくありません。

しかし、こうしたことが積み重なってくると、モンスターペアレントと呼ばれるような行動に出てしまうこともあります。本人としては、モンスターになっている自覚が全然ないのです。不憫な子どもを守ってあげているだけなのです。

じつは、この不憫に思う気持ちが落とし穴です。第2章でも述べましたが、不憫に思うことは、子どもの自立を阻んでしまいます。

子どもが自分自身のことを不憫に思うのも問題です。

世の中には、不条理なことや思い通りにいかないことはたくさんあるのです。それを「自分はなんて不憫なのだろう」と思ってしまうと、不要なストレスを背負い込んでしまいます。**むやみに被害者意識を持ってしまうと、「他の人々は、私の仲間である」という思いを遠ざけてしまうのです。**

誰でも、傷つく経験はするものです。お母さんは、自分自身は少しくらい傷ついても平気なのに、子どもが傷ついているのを見るとやりきれない気持ちになってしまうことが多いのですが、そこは、しっかりと現実を受け止めていきましょう。

子どもが傷つくことを許してあげましょう。あたたかく見守って、子どもが自分で自分を癒せる力が備わっていくのを楽しみに見ていきましょう。

「大丈夫、あなたなら、なんとかできる」。お母さんがこう思ってあげる気持ちこそ、子どもが「私には、自分の人生を自分の力で解決できる能力がある」と思える心をはぐくんでいけるのです。

お母さんの問題

「I《アイ》メッセージ」で子どもに協力してもらう

——「子どもが食卓の上に荷物を置いたままにするので、食事の準備ができない」への対応策

ここまでは、子どもが抱える問題について述べてきました。では、お母さんが問題を抱えているときには、どのように対応したらいいでしょう。

こちらが問題を抱えているのですから、このままの状況で困っているのは自分です。ですから、解決しなくてはなりません。そして解決するためには、相手に協力してもらわなくてはなりません。

子どもが食卓の上に置いたままにしている荷物が邪魔になるとき、
「いつまで、ここに出しっぱなしにしているの？　早く片づけて」
といった言い方をするお母さんは、少なくないでしょう。

これは、子どもに問題があると捉えている言い方です。「出しっぱなしにしている

のは、子ども。だから子どもが片づけなければいけない」という考えが根底にあります。


しかし、たとえばご主人がクローゼットからゴルフ用品を出そうして、

「クローゼットの前に置いてある君の荷物、早くどかしてくれよ」

と言われたら、どう思いますか？

「確かにそこにあったら邪魔だろうけれども、あなたの都合でしょ？」と思うのではないでしょうか？　こちらが非難されているように感じて、イラッとしませんか？

では、

「ここに君の荷物があると、ゴルフの道具が出せなくて、困ってるんだ」

こんなふうに言われたらどうでしょう？　クローゼットの前に荷物があることについて、よいとか悪いとか言われているのではないので、非難されているという気持ちにはならないで済みますし、困っているというご主人の状況は伝わってきます。

「今どかすわね」

と、素直に協力できそうですね。

これは**「I《アイ》（私）メッセージ」**という言い方です。

「私が、困っているのです」というように、「I（私）」が主語になっています。

「ここに君の荷物があると、ゴルフの道具が出せなくて、困っているんだ」

というのは、

「ぼくが、困っているんだ」

ということです。それに対して、

「いつまで、ここに出しっぱなしにしているの？　早く片づけて」

という先ほどの言い方は、「YOU（子ども）」が主語になっていて、

「あなたが、いつまでも出しっぱなしにしている。あなたが、早く片づけなさい」

というメッセージになってしまっているのです。

「クローゼットの前に置いてある君の荷物、早くどかしてくれよ」

も、YOUが主語になった言い方で、

「あなたが、荷物を置いている。あなたが、早くどかしてくれ」

ということになります。

このようにYOUを主語にすると、「あなたのやっていることは間違っているの

で、直してください」というように、相手を非難する言い方になってしまいます。その結果、自分が不都合を感じている問題を解決するための相手の協力を、得にくくなってしまうのです。

Ｉメッセージを使って、

「ここにＡ君のオモチャが出ていると、お母さんはごはんを運んでこられないの。困っちゃうな」

と、こんなふうに言ってみるのがいいでしょう。

なお、Ｉメッセージのつくり方には法則があります。次の三つの要素を入れて話すのです。

Ａ　状況

Ｂ　こちらへの直接の影響

Ｃ　自分の気持ち

先ほど（157ページ）の例を当てはめると、次のようになります。

A　ここにA君のオモチャが出ていると、

B　お母さんはごはんを運んでこられないの。

C　困っちゃうな

ただし、Iメッセージを使うのがふさわしくない場面もあります。

たとえば、こんな言い方はふさわしくありません。

「（A）あなたの算数の点数がこんなに低いと、（B）みんなについていけるのか、（C）心配になってしまうわ」

この言い方ですと、お母さんが心配になってしまっていますが、算数の点数が低くて困るかどうかは、子どもの問題です。子どもの問題を、お母さんが肩代わりしてしまっているのです。

また、次の言い方もよくありません。

「（A）そんな薄着でお外に出たら、（B）風邪をひいてしまいそうで、（C）お母さん心配だわ」

風邪をひいてしまうのはお母さんではないので、直接自分に影響があることではありません。このようなときにIメッセージを使っても、子どもの協力（あたたかい服装に着替えること）は得にくいでしょう。

Iメッセージを使うときは、次の二点を頭に置いて、使うのがふさわしい場面かどうかを判断してください。

①それは本当に自分の問題か？↑相手（子ども）の問題なら使わない

②直接自分に影響があることか？↑直接自分に影響がないなら使わない

必ずというわけにはいかない場合もありますが、Iメッセージを正しく使って子どもに要望を伝えると、子どもの行動は驚くほど変わり、あなたの問題の解決に協力的になってくれます。

相手が子どもであっても、きちんと尊重した言葉がけをすることが大切なのです。

お母さんの問題

まずはきちんと説明する

――「親戚の結婚披露宴に出席するのに、子どもが着古したTシャツで行くと言う」への対応策

親戚の結婚披露宴に、着古したTシャツで行きたいという子ども。

「Tシャツを着ていて恥ずかしい思いをするのは子どもなので、子どもの問題であって、私（お母さん）の問題ではない」と思う人もいるかもしれません。

でも、子どもは多分恥ずかしくないのです。その服装で披露宴に出ても、何の問題も感じないのだと思います。特に男の子の場合は、用意されたおしゃれな服を窮屈に思うこともあるでしょう。

しかし、披露宴は大切なセレモニー。お母さんとしては、全身でお祝いを表現したいと考えるでしょう。披露宴のスタイルにもよりますが、一般的には、相手をがっかりさせるような服装では行きたくないし、相手に失礼だと思うはずです。

ですからこのようなときは、お母さんの問題として扱います。
そして、子どもに必要な情報を伝えなくてはいけません。子どもは単に、「なぜ、おしゃれをしなければならないのか？」「いつもの服装では、なぜいけないのか？」がよくわかっていない場合が多いのです。

披露宴とはどういうもので、どのような服装がふさわしいのか、子どもにわかるやさしい言葉で説明してみましょう。それだけで、協力する気持ちになってくれる可能性が高くなります。

事例で見る、「アドラー心理学」＋「NLP」

ここまでの情報を、整理しておきましょう。

▽▽▽問題を抱えているのが相手（子ども）の場合

【目的】子どもが自分で問題を解決できるようにサポートする

【ポイント】・バックトラッキングを使って、子どものありのままを受け止める
・経験から学ぶチャンスをあたたかく見守る
・子どもを不憫に思わず、傷つくことを許す

▽▽▽問題を抱えているのが自分（お母さん）の場合

【目的】こちらの抱えている問題が解決できるよう協力を促す

【ポイント】・Iメッセージを使う
・こちらが抱えている問題について、相手に必要な情報を伝える

子どもとお母さん、どちらが抱えている問題なのかを分けて考えることによって、どのような言葉がけをするのが効果的なのかがわかります。問題が起こったときは、まず「それが誰の問題か」を見極めてから、アドラー心理学の理念に照らし合わせて

考え、本書でご紹介してきたNLPのさまざまなテクニックをとり入れて、対応してください。

——こう言うと、とても難しいことのように思えるかもしれませんね。でも、コツさえつかめば、誰でも自然に行うことができます。

ここでは三つの事例を挙げて、具体的な方法を解説していきます。

事例① 子どもがいじめに悩んでいる

家に帰ってきた子ども（男の子）の様子を見て……

お母さん（なんだか元気がないわ、この子はK〈体感覚〉のタイプだから、言語化が苦手なのよね……）

「少し、元気がないように見えるけど」←子どもの気持ちを言語化する《現実に向き合う勇気を与える》

男の子「うん。みんなが、ぼくのこと、いじめるんだ」

お母さん「みんなに、いじめられたと思っているの？」←バックトラッキング（10

2ページ）《ありのままの子どもを受け入れる》

これは、子どもが抱えている問題です。ですから、お母さんが子どもの問題を肩代わりしてしまわないように、「バックトラッキング」を中心にして、会話を進めていきます。

男の子「うん」

お母さん「みんな？」**↑メタモデル（111ページ）《事実を明確にすることで、可能性を引き出す》**

男の子「C君とD君」

お母さん「C君とD君に、いじめられたと思って、悲しい気持ちでいるの？」**↑Kタイプの子どもの気持ちを言語化する《ありのままの子どもを受け入れることにより、現実に向き合う勇気を与える》**

男の子「この前、ふざけちゃったからかも」

お母さん「ふざけたの？」**↑バックトラッキング《ありのままの子どもを受け入れる》**

男の子「C君とD君に変なあだ名をつけたの」
お母さん「変なあだ名？」←バックトラッキング《ありのままの子どもを受け入れる》
男の子「怒っていたのかな？」
お母さん「怒っていたのかな？」←ペース&リード（106ページ）と、ミラーリング（110ページ）をしながら、バックトラッキング《信頼関係を構築しながら、ありのままの子どもを受け入れる》
男の子「謝ったほうがいいかな」
お母さん「謝ったほうがいいかなと思っているのね」←バックトラッキング《ありのままの子どもを受け入れる》
男の子「うん」
お母さん「謝ってみよう、なんて、勇気あるね」←《姿勢に対する勇気づけ》
男の子「でも、恥ずかしいな。できるかな？」
お母さん「恥ずかしいよね」←バックトラッキング《ありのままの子どもを受け入れる》
「でもきっとあなたなら、いいタイミングで謝れると思うよ」←ミルトンモデル（124ページ）《勇気づけをしつつ、子どもが自らいいタイミングが引き

出せるように促す》

事例② 子どもがサッカースクールに行きたがらない

サッカースクールに行く時間が迫ってきたとき……

男の子「今日、サッカーに行きたくない」

これも、子どもの問題です。ですから、お母さんが肩代わりしてしまわないよう、「バックトラッキング」を中心に会話を進めていきます。

お母さん「サッカー行きたくなっちゃったの？」 **←バックトラッキング《ありのままの子どもを受け入れる》**

男の子「だって、コーチが怖いんだもん」

お母さん「怖いって、どんなふうに？」 **←バックトラッキング、メタモデルの省略（115ページ）《気持ちを受け止めつつ、省略を補うことで可能性を探る》**

男の子「ぼくだけ、ドリブルを多くさせられたの」

お母さん「ドリブルを多くさせられたのが、怖かったの？」**↑バックトラッキング、メタモデルの歪曲（120ページ）《気持ちを受け止めつつ、歪曲を指摘することで可能性を探る》**

男の子「んー。怖いんじゃない」

お母さん「怖いわけじゃないんだ」**↑バックトラッキング《ありのままの子どもを受け入れる》**

男の子「ぼくはダメだと思われているんだよ」

お母さん「ダメって？」**↑メタモデルの省略《省略を補うことで可能性を探る》**

男の子「だって、何でぼくだけたくさんドリブルの練習をさせられたの？」

お母さん「あー、あなただけたくさんドリブルの練習をさせられたから、『ダメだって思われているのかな？』って思っているのね？」**↑子どもの思考を言語化して、歪曲を指摘する《現実に向き合う勇気を与える》**

男の子「うん。違うのかな？」

お母さん「どうなんだろう」**↑あえて意見を言わない《子どもに考える時間を与え、あな**

たなら考えられるという期待を持つ》

男の子「そのあと、ちょっとドリブルがうまくなったんだよね」

お母さん「そうなんだ。何かコツをつかんだの？」←結果よりプロセスに注目する《自分を認める機会をつくる》

男の子「ちょっとね。サッカー、嫌じゃないかも」

お母さん「うん。また今日、ドリブルができるようになっているか、確かめられるといいね」←ミルトンモデル《勇気づけをするとともに、子どもがよいイメージを抱けるように促す》

事例③ 子どもがリビングに持ち物を散らかしている

子どもがリビングに持ち物を散らかしている。これはお母さんの問題なので、子どもに協力を仰いで解決しましょう。

お母さん「ここはみんなで使うお部屋でしょ。あなたの物がこんなにたくさんここにあるると、誤って踏んでしまったり、ゆっくりくつろげなかったりして、お母さん困っちゃうな」↑Iメッセージ（154ページ）

＊　＊　＊

いかがですか？　少し難しいように感じるかもしれませんが、一度にすべてを始めなくても大丈夫です。

何か問題が起こっていると感じたときは、まずはどちらが抱える問題かを見極めましょう。そして、子どもが抱える問題のときは、「バックトラッキング」から始めてみましょう。

「バックトラッキング」を使っていると、こちらにも余裕が出てきます。子どものありのままを受け入れようとすると、自然と「ペース合わせ」や、「ミラーリング」をしているものです。そうしているうちに、こちらもだんだん、子どもの「省略」「一般化」「歪曲」に気づけるようになってきます。

最初は少し努力が必要ですが、数週間ほど集中してとり組んでいると、テクニックが身につき、その後は無意識的に使えるようになっていきますので、少しの辛抱です。

こういったコミュニケーションが子どもとの間にできてくると、子どもがいずれ成長して大人になってからも、お母さんとの会話を、建設的で多くを得られるものと捉えて、喜んで話してくれます。

もちろんお母さんにとっても、子どもが仕入れてくるさまざまな新しい話題は、刺激的で面白いことでしょう。

世代を超えて、お互いに会話を楽しみ合える。それが自分に一番近い家族と共にできるということは、とても幸せで嬉しいことだと思います。

本書でご紹介してきたＮＬＰのテクニックを使った言葉がけを習得して、お母さんがコミュニケーション力を高めていくことが、結果的にお子さんのコミュニケーション力をも高め、生涯にわたって親子で語り合える関係性を育てることになるのです。これは、お母さんが子どもに与えられる、素晴らしいプレゼントの一つだと思います。

第6章

男の子の将来を、輝かしいものにするために

アドラー心理学+NLPより

アドラー心理学の理論を、NLPのテクニックを用いて実践する。——ご理解いただけたでしょうか？

第6章では、最後にもう一度押さえておいていただきたい、〝男の子が自分らしくいきいきと人生を切り開いていくために必要な考え方〟をまとめました。

満足な人生を送れるかどうかは、「ライフスタイル」で決まる

「何の問題もない、順風満帆《まんぱん》な人生を歩んでほしい」——わが子にそれを願わないお母さんはいないでしょう。

でも、人生には悩みや苦労、困難がつきもので、一難去ってまた一難とでも言わんばかりに、次から次へと新しい悩みが見つかります。そしてその悩みのほとんどが、人間関係にまつわるものです。

アドラー博士は人間関係に関して、「人生には避けては通れない課題がある」とし

て**「仕事の課題」「交友の課題」「愛の課題」**の三つの課題を挙げました。

そして、「人はこれらの課題を解決できないと感じるとき、逃れようとする」と言っています。何かしらの理屈をつけたり、ときには（無意識的に）体調を崩すということまでして、目の前の解決できない課題から逃げようとするのです。

しかし、逃げたところで、満足することはできません。結果的には、「自分はダメだ」という敗北感にさいなまれてしまいます。


男の子が課題に遭遇したとき、「ぼくには解決できない」と逃れようとするか、「ぼくなら解決できる！」と立ち向かっていけるかの違いは、その子がどんな「ライフスタイル」を持っているかによって決まります。


第1章でも述べましたが、ライフスタイルとは、自分を能力がある人だと認識できるかどうか、社会は自分にとって友好的であると思えるかどうかという、〝各自の心のなかにある基盤〟です。

すでに何度も述べていますが、アドラー心理学の子育てにおける「心理面の目的」は、

「私には、自分の人生を自分の力で解決できる能力がある」
「他の人々は、私の仲間である」

であり、このような肯定的なライフスタイルを持つことが大切です。

反対に、

「私には能力がない。私は価値のない人間だ」

「他人や社会なんて、信じられるものではない」

といった否定的なライフスタイルを持ってしまうと、人生の三つの課題に立ち向かう勇気が、どんどん失われていきます。

そして、このライフスタイルは、十歳くらいまでにできあがると言われています。

発達心理学の理論によると、自立的でかつ自律的な人生を歩むことのできる人は、人生を満足しながら生きることができるとされています。人生の晩年期に入ってきたとき、「ああ、自分はこの人生でよかったな」「つらいことも苦しいこともあったけれど、他のどんな人生でもない、この人生でよかった」と思えるのです。

つまり、**その子が満足のいく人生を歩めるかどうかは、十歳までに決まってしまう**ということです。

この時間がどれほど大切なものか、ご理解いただけたことでしょう。

自分から新しい友達をつくれる子に!

コミュニケーション能力の高い人は、低い人に比べて、対人関係が比較的スムーズにいく傾向があります。

アドラー博士は、「その人がどのようなコミュニケーションをとるかということは、その人のライフスタイルに従っている」と言っています。

その人がどのようなライフスタイルを持っているかによって、コミュニケーションに差が出てくるということです。

つまり、**ライフスタイルとコミュニケーションは密接な関係にあり、さらに、コミ**

ユニケーション能力が高いかどうかは、人間関係に大いに影響するということです。

ライフスタイルがコミュニケーションに影響するというのは、たとえば次のような場合が考えられます。


小学校の新学期。クラス替えがあってから、新しいクラスの教室に初めて向かうとき――。

肯定的なライフスタイルを持つ男の子なら、気持ちのどこかでなんとなく自分は受け入れられるだろうと思っているので、「どんなお友達がいるんだろう。楽しみだな」という気持ちになります。

一方、否定的なライフスタイルを持つ男の子の場合は、「気の合わない子がいたら嫌だな。自分を受け入れてもらえなかったら嫌だな」というように考えてしまいます。

そして、教室に入ると――。

肯定的なライフスタイルを持つ男の子は、ニコニコとクラスメイトに近づき、親しみを持って話しかけます。そうすることで、相手も警戒心をほどくことができるので、結果的に心地よいコミュニケーションになります。

否定的なライフスタイルを持つ男の子は、自分から話しかけることもなく、また、誰かから話しかけられたとしても、「何か嫌なことをされては困る」と思ってしまうので、つい険《けわ》しい表情で対応してしまいます。当然、そんな対応をされた相手は「何だよ！」という気持ちになり、結果として友達を遠ざけてしまいます。

人は、自分が持っているライフスタイルのことを、「それが事実だ」と信じています。なぜなら、その人にとっては、それが当たり前のことで、疑う必要もまったく感じないからです。

ですから、すべてのことに反映します。

肯定的なライフスタイルを持つ男の子は、友達を呼んだとき、すぐに返事をしてくれなくても、「聞こえなかったのかな？」と思う程度です。

でも、否定的なライフスタイルを持つ男の子は、「無視された」「バカにされた」と受けとりがちで、そのつらさに耐えられなくなると、「自分も無視してやろう」というような気持ちになってしまいます。

あなたの周りにも、あまり気を使わないでざっくばらんに話しても悪く受けとられる心配のない人と、ひと言ひと言に気を使わないと傷ついてしまう人がいるのではないでしょうか？

一見、気を使う相手のほうが周りの人に大切にされているように見えます。しかし、本当のところは、周りの人に「距離を置きたい」と思われているかもしれません。常に気を使わなければいけない人と一緒にいたら、誰だって疲れてしまいますから。

職場やプライベートで、「そんなつもりではなかったのに、怒らせてしまった」という経験がある方もいらっしゃると思います。そうやって怒る人は、「プライドが高い人」などと言われたりもしますが、本当の意味でプライドが高い人というのは、些細なことで感情を害したりはしません。プライドが高いということは、自分に誇りを持っているということです。

自分ではよかれと思って行動したことに対して、他人から思いがけず心ない言葉をかけられるようなことがあったとしても、本当に誇りを持っているのなら、堂々としているはずです。

通常、「プライドが高い」と表現されるような場合、私は反対の意味のことが多いのではないかと感じています。つまり、**否定的なライフスタイルを持っているため、自分の能力に自信がなく、他人に何か言われると、攻撃されたと思ってしまう**ということです。

心のなかに、「私には能力がない。私は価値のない人間だ」という思いがあるため、卑屈になりやすく、「他人や社会なんて、信じられるものではない」と考えていて、他人や社会に対して常に防衛的な態度でかかわるので、なかなか他人とよい関係を築くことができないのです。

ライフスタイルとコミュニケーション。人間関係はこのように連鎖していきます。

そして、十歳くらいまでに構築されたライフスタイルを、通常は一生涯にわたって信じ込んでしまいます。

ただしこれには例外があり、本人が自身のライフスタイルに疑問を持ち、変化させたいと強く望んで実際に行動に移すことができれば変えられます。

心理カウンセリングは、ライフスタイルを変化させることでもあります。クライアントのライフスタイルを探り、それが否定的なものであれば、肯定的なライフスタイルに再構築していくのです。

それによって、本人の能力や環境は変わっていないにもかかわらず、その人の人生がもっと豊かで素晴らしいものになり、生きることを楽しめるようになります。勇気を持って何事にも立ち向かえるようになるので、どんどん能力を発揮していけるのです。

でも、幼い頃から肯定的なライフスタイルを持つことができるなら、その人は人生の初期からずっと継続して、そのような人生を歩めるに違いありません。

ここまでにご紹介してきた、アドラー心理学やＮＬＰのテクニックによる言葉がけは、子どもに自分と他者を尊重するよう働きかけるものです。このかかわりこそが、肯定的なライフスタイルをつくり、さらに建設的なコミュニケーションのお手本となります。

十歳までにするお母さんとの毎日の会話が、子どもの一生をつくってしまうと言っても過言ではないのです。

「登校できる」という経験を積ませる

現在、日本の義務教育を受けている児童のなかで、不登校になっている児童は約一二万人、全体の約一・一七パーセントと言われています。

現在の日本では、「無理に登校しなくてもいい」という風潮があります。確かに、無理して学校に行くことで心の状態が悪化してしまうことも、決してないとは言えません。

しかし不登校ということは、その時期だけでなく、その後の人生のいろいろな面にも影響を及ぼすことが少なくありません。

カウンセラーの立場から、過去に不登校の経験があり、今もなお苦しんで相談に来られる多くのクライアントを見ていて思うことは、「自分自身を認める力が弱くなってしまっている」ということです。「自分は、学校にも行けないダメな人間なのだ」と捉えて苦しんでいるのです。

そして、勉強に自信を失っています。

実際は、毎日学校に通っていても大して勉強していない子はたくさんいますし、小学校の勉強程度でしたら、あとでとり戻すチャンスはいくらでもあるのですが、本人が「もうみんなからはすっかり遅れてしまっていて、どうにもならない」と思い込んでいるからです。

結果的に、仕事や恋愛など、あらゆることに消極的になり、人生の多くの時間を鬱鬱と過ごすようになってしまいます。

私のカウンセリングルームにも、現在不登校の状態にあるお子さんや、不登校からひきこもりになってしまった方など、十代~四十代くらいの幅広い年齢層の方々がご相談に来られます。お宅にうかがうこともあります。

なんとか力になりたいと回復をサポートしていますが、不登校の期間が長ければ長いほど、回復にも時間がかかってしまいます。

もちろん例外はあるでしょう。大人がかかわらなければどうにもならないような、ひどいいじめもあります。わが子がそれに巻き込まれてしまったときは、親は、何が何でもわが子の生命を第一に考えて、学校を休ませる、転校させるなど、あらゆる方法で子どもを守らなければなりません。

しかし、そこまでひどくない、子どもに乗り越えていけるだけの力が充分に備わっていると思われるようなケースの場合は、私は、長年のカウンセリングの経験をふまえ、**「登校できる」ということは大切だ、**ということをあえて言わせていただきます。

じつは私自身も、かつてはいじめられっ子に入るほうだったので、学校が好きではありませんでした。

夏休みなどの長期休暇が終わって新学期が始まり一週間ほどすると、決まって熱を出して寝込んでいました。かなりストレスだったのだと思います。わが子も、特に息子は、学校が苦手でやっとの思いで登校していた時期もありました。

ですから、学校へ行くというだけで、本当につらいと思っている方のお気持ちはとてもよくわかります。「ほとんどの人が普通に学校に行っているのだから、行けないのはおかしい」などとはどうしても思えない気持ちもよくわかります。

それでもやはり、できれば子どもの頃に、「登校できる」という経験を積んでおいてほしいと思うのです。


「学校へ行きたくない」

ある日、子どもがこんなことを言い出したとします。さてどうしますか？

本書をここまで読んでくださったあなたなら、すでにいろいろと策を思いついているかもしれませんね。

最初に考えるべきは、「これは誰の問題か」。そう、子どもの問題です。ですから、子どもが自分で向き合い、答えを出せるようにサポートしてあげるのがベストです。

そこでまずは「バックトラッキング」（102ページ）をして、「あなたの気持ちはわかりましたよ」、そして「それはあなたの問題ね」ということを示すのです。

あたたかい気持ちで次のように言ってみます。


「そう、学校へ行きたくないのね」

こうしたことをお伝えすると、多くのお母さんが同じような疑問を口にされます。

「そんな言い方をして、もし子どもが、『うん行きたくない』と言ってゲームをやり始めたら、どうしたらいいのでしょうか?」

私はいつも、「まずは心を込めて言ってみてください」とだけお伝えします。

そしてほとんどのお母さんは、実際にそうしてみて、びっくりされるようです。

あんなに嫌がっていたのに、

「そうなんだよ。行きたくないんだよ。でもしょうがないか」と言って学校に向かった。

行きたくないと思う心のうちを数時間にわたってお母さんに打ち明けて、次の日から何事もなかったかのように登校を続けた。

——こんな反応が返ってくるからです。

ここで大事なのは、お母さんが、

「あなたには、自分の人生を自分の力で解決できる能力がある」

「他の人々は、あなたの仲間である」

と心から信じてあげることです。

子どもが問題を抱えているときに、むやみに助けてあげたり、「こうしなさい。ああしなさい」と指示を出してしまったりすることは、「あなたには、問題を解決できる能力がない」と、暗に示しているようなものなのです。

また、学校のお友達や先生に対して疑いの気持ちを持つことは、「他の人々は、あなたの敵である」と教えることになってしまいます。


ときには、嫌なことを言われることもあるでしょう。先生の行動に理不尽さを感じてしまうこともあるでしょう。でも、世の中は、そのようなものです。不条理ななかで、工夫をし、問題を解決していくことで、自分を信じる気持ちや他の人々と協力していく智恵を育てていくのです。

子どもは、学校という大人たちに守られている環境のなかで、他人から傷つけられ、ときには不覚にも他人を傷つけてしまうといった、さまざまな経験を重ねながら、将来よい人間関係をつくるための練習をしていくのです。

「自分は社会の一員だ」という実感を持たせる

第5章でも述べたように、学校での学習のみが勉強ではありません。興味がわかないことに無理矢理縛りつけ、ストレスを与えながら隣でガミガミ言ってやらせても、まったく頭に入っていかないでしょう。新しいことを知ることの楽しさ、何事にも興味を持つ好奇心を育てることこそが大切なのです。

流行を必死に追う必要はありませんが、「季節によって移り変わっていく自然の美しさも、街で開かれているイベントも、テレビで紹介されるホットスポットも、自分には関係のないこと」というように無関心になってしまうと、この社会で生きているというリアルな感覚から切り離されてしまいます。

それは社会への参画意識が失われることでもあります。**世の中は自分と関係ないと思ってしまえば、自主的に社会とかかわっていく気にはなれないでしょう。**

「世の中は結構面白いものだ」「自分は社会とつながっている」といった感覚を子ど

もに持たせることで、自ら社会に働きかけていこうという自主性が育ちます。それが、やがて将来、その子が社会に旅立つための準備になるのです。

学校も、勉強も、子ども自身が抱える問題です。目の前の行動や結果に一喜一憂することなく、人生という長い目で見て、勉強や学校という課題に子どもが勇気を持って自らとり組んでいけるよう、あたたかく見守ってあげましょう。

子どもが勉強や学校という課題にとり組むサポートをするうえで、**その子の「代表システム」に合わせる**ことも効果的です。

たとえば、宿題をやらなくてはいけないようなときに、K（体感覚）の強い男の子の場合、自分の身体の感覚に敏感な分だけ左右されやすく、面倒だという感覚になってしまうと、そこから抜け出すのに時間がかかってしまいがちです。

V（視覚）の強い男の子であれば、面倒くさいなと思うことがあっても、視点を変えて考えることができます。宿題をするのが面倒だと思っても、次の日の先生の厳しい表情が思い浮かぶと、早くやってしまおうという気持ちに火がつくのです。

また、A（聴覚）の強い男の子は、理屈で考えるので、宿題を提出しないことによって先生に怒られるほうが面倒だ、という結論にたどり着き、いやいやながらでも始めるでしょう。

ここでご注意いただきたいのは、「決して、『VやAタイプの男の子のほうがKタイプの男の子より優秀』ということではない」ということです。

そしてもちろん、これは単なる一例なので、Vタイプでも宿題をちっともやらない男の子もいますし、Kタイプでもコツコツがんばる男の子もたくさんいます。

ただし、**お母さんが自分の子どものタイプを知っていることで、子どもが陥っている問題を理解してあげやすい**のは確実です。

アドラー博士は、**「人生の課題をクリアしていくためには、努力と忍耐が必要だ」**と言っています。確かにその通りです。ただし、現代の私たちは、NLPというテクニックも手に入れました。これによって、**努力と忍耐をずいぶん軽減することができる**と、私は思っています。

一人ひとりの子どもに合ったやり方でサポートすることで、お母さんと子どもの信頼関係も築いていくことができるのです。

一番大切なのは、お母さん自身への「勇気づけ」

本書でご紹介した方法を実践していただくにあたって、最後にもう一つ、最も大切なことをお伝えします。

お母さん、あなたのことです。


あなたご自身の「ライフスタイル」は、どのようなものでしょうか？

あなたはご自身のことを、

「自立している」

「社会と調和して生きている」

「私には、自分の人生を自分の力で解決できる能力がある」

「他の人々は、私の仲間である」

と、心から思えていますか?

じつは、子育てをし始めた頃の私は、そのように思えてはいませんでした。先にも述べましたが、私はかつていじめられっ子で、人生のある時期までは、鬱々と過ごしていました。しかし十代半ばの頃、一心発起《いっしんほっき》して自分のイメージを変えてみたことがあります。

自分自身に、「きっと自分は他人に愛される存在だ」という暗示をかけたのです。暗示といっても大げさなものではありません。「きっと、皆は私のことが好きだ。私を受け入れてくれる」と、心から思い込むようにしただけです。

しかし、これが意外とうまくいき、その後はポジティブで明るい自分として、青春時代を過ごすことができました。

その後、結婚し息子が生まれたとき、私は彼のことを、「自分に自信のある男の子に育てたい!」と強く思いました。心理学を学ぶ前のことだったのですが、それまでの経験から、「自分をどのように捉えるかで、物事が変わってくる」ことを実感していたので、自然とそのように思えたのです。

そして、素人のやり方ではありましたが、なるべく彼の自信をくじかないように注意していました。

ところが、あるとき「彼は私の考えているような子どもに育ってはいない」ということに、はたと気づきました。お友達とのトラブルも多く、残念ながら、勇気を持って人生を歩み始めているという姿には見えません。少なくとも、私はそう感じたのです。

それをきっかけに心理学を学ぶようになり、アドラー心理学を知りました。そこで気づいたのは、「私は根っからのポジティブ人間にはなっていなかった」ということでした。

幼い頃から持っていたネガティブなライフスタイルが、心の潜在的な部分に残っていたのです。自己改革したと思い込んで明るい青春時代を過ごしていた私の姿は、ネガティブなライフスタイルを持っている私が、ポジティブなライフスタイルの着ぐるみを着ていた姿だったのです。

息子には、「自分に自信のある男の子に育てたい！」と願って言葉がけをしてきたつもりでしたが、彼の目に映る、着ぐるみのなかから覗いて見える私の瞳は、不安の色でいっぱいだったことでしょう。

心理学では、行動や言動のなかに、相反する二つの意味が込められている場合を、「ダブルメッセージ」と言います。

言葉では「あなたならやれるわ」と言っているのに、表情は「本当に大丈夫?」と不安げな様子。これが異なる二つのメッセージを、相手に送っている状態です。

ダブルメッセージは、受けとった相手を混乱させるので、わが子に問題行動が多かったことも、今ならとてもよく理解できます。

その後、心理学の学びを通して、潜在的な部分に残っていたネガティブなライフスタイルと何度も向き合い、多くの気づきを得ることができました。

ここで一番お伝えしたいのは、**「アドラー博士の提唱する子育ての目標である、行動と心理面の目的を達成し、肯定的なライフスタイルを持つ子どもに育てるために、何よりも大切なのは、お母さん自身が健全なライフスタイルを持つことである」**ということです。

ご自身が育ってきた環境のなかで、つらい思いをされた方もいらっしゃるかもしれません。

肯定的なライフスタイルを持つことができない苦しさを抱えている方もいらっしゃるかもしれません。

でも、どうぞあきらめないでください。

今後の子育てを通じて、ご自身のライフスタイルを変化させていくこともできるのです。

「子育ては親育て」とも言いますが、子育てで一番成長するのは、お母さん自身だと言っても過言ではありません。

本書に書かれているアドラー心理学の考え方やＮＬＰのテクニックは、お子さんに対してだけでなく、ご夫婦、友達関係、職場の人間関係にも使えるものですが、何よりご自身の心の対話にも使っていただけるものです。

不安に思うことがあったら、まず、ご自身を勇気づけてあげましょう。

現代は多くのお母さんが、お仕事を抱えながら子育てをされています。しかし多くの方が、「子どもと向き合う時間が充分にとれていない」と、大なり小なり罪悪感を抱えていらっしゃるようです。

ひょっとしたら、あなたもその一人かもしれませんね。

でも考えてみてください。あなたは、子どもを不幸にしようと思ってお仕事をしているわけではありませんよね。ご自分なりに一生懸命考えて、今の生活スタイルを選択したはずです。

だから、まずはそんな自分に誇りを持ってください。「仕事をしながら子どもを育てているなんて、私、がんばっているな」と、認めてあげてください。

罪悪感を持っていると、誰にも責められていないのに、他人から咎《とが》められているような気持ちになり、かえって子どもや家族、職場の仲間にイライラした態度をとってしまうことがあります。「私って偉いな」と思うことで、心にゆとりができ、周囲の人に素直に感謝の気持ちを持つことができるようになります。

もちろんこれは、働いているお母さんに限りません。

子育てはそれだけでもたいへんな一大事業です。専業主婦のお母さんには、「専業主婦だから、家事も子育てもちゃんとやらなきゃ……」というプレッシャーもあるでしょう。ご近所や親戚の目などを強く意識せざるを得ない状況に置かれているかもしれません。

どうぞ、ご自身の心と向き合ってみてください。

ありのままの子どもを信じると同時に、ありのままのご自身を信じてみてください。

子どもを勇気づける言葉を探すのと同時に、自分への勇気づけの言葉を探してみてください。

もう一度、新鮮な目で世界を見回し、「今、ここに生きているのはまぎれもなく、私自身で、世界は私とリンクして動いている」ということを、実感してください。

誰かが見ていても見ていなくても、あなたが大切だと信じることを、勇気を持って実行していってください。

そうして一日一日を過ごしていけば、他者の目にどう映るかなどということとは関係なく、あなたは、あなたの人生を〝かけがえのない素晴らしいもの〟と認識できるようになっていくのです。

それが結果的に、自立的でかつ自律的に、明るくいきいきと人生を歩んでいく力に満ちたお子さんに育てることになり、ご家庭を、そしてあなた自身の人生を、より輝かせることになるのです。

おわりに

科学技術の進歩はめざましく、以前はわからなかったことがどんどん解明されていきます。

さらに最近はインターネットの普及により、新しい情報があっという間に世界を駆け巡り、自分の手元にやってきます。つくったこともないお料理もすぐにレシピが手に入りますし、旅行の計画を立てようと調べれば予算もルートもすぐにわかります。

そのような情報を手に入れられることで、今まで悩んでいたことや、課題だったことを、スムーズに片づけられるようになったのです。

しかしながら、子育ての悩みはどうでしょう？

残念ながら、「百年前の母親よりずっと少なくなった。解決できるようになった」

とは言えません。

それは、料理のレシピや旅行の予算やルートのように、はっきりとした答えが見えづらいからでしょう。

この見えづらい心の分野を分析・解明し、どのように生活したら健康的に生きることができるのか、どのように生きたら幸せを感じやすいのかということを、理論的に説明するのが心理学です。

カウンセラーとして仕事をし始めた頃から、私のなかに大きな疑問がありました。

それは、「これほどまでに、心理についての素晴らしい知識や智恵があるのに、なぜ世の中に普及していないのだろう」ということです。

アドラー博士が一生をかけて研究し、後世の私たちに残してくれた素晴らしい知識があります。

「人生はどのように生きることが幸せなのか」「どういった子育てをしたら勇気を持って自分の人生を歩んでいける子どもに育つのか」……こうした疑問に対し、矛盾のない理論を構築して説明してくれています。

そして、一九七〇年代にアメリカで開発されたＮＬＰは、普段、私たちが課題だと感じることを、天才たちがどうやってクリアしているのかを分析・研究し、誰にでもできるテクニックとして公開してくれました。

こんなに素晴らしい知識や智恵を使わない手はないと思いませんか？

心理学は、精神科医やカウンセラーだけの特権ではありません。

どうぞこの智恵をとり入れて、より明るく幸せな家庭をはぐくんでいってください。

本書がそのきっかけとなれば、こんなに嬉しいことはありません。

平成二十八年八月吉日

朝妻秀子

【巻末付録】お母さんと男の子のタイプ別の例

●【A（聴覚）とV（視覚）】お母さんがA、男の子がV

お母さん「今日は学校のことについて、何か報告はある？　一時間目に国語の発表があるって聞いてたけれど、何の発表をしたの？」

男の子「あ、バレちゃった？　本当は今日、ぼくが発表する番だったんだけど、まだ自信なかったから、次回にしてもらった」

お母さん「そういうことは、いいことになっているの？」

（それは、規則として大丈夫なのかしら）

男の子「いいことって……」

（先生、笑ってたからいいんじゃないかな）

お母さん「読書の感想だったわよね。ほら、この前、見ていた鉄道図鑑でよかったんじゃないの？」
男の子「図鑑って本なの？」
お母さん「だって、発表しないよりマシなんじゃない？」
（とにかく、ルールに従うほうが重要でしょ）
男の子「ふーん」
（なんかお母さんと話していると、世界が違うんだよな……）

●【A（聴覚）とA（聴覚）】お母さんも男の子も、共にA

お母さん「今日は学校のことについて、何か報告はある？　一時間目に国語の発表があるって聞いてたけれど、何の発表をしたの？」
男の子「自分の興味のある本を読んで、感想を言うっていう内容だったんだけれど、ぼくの選んだ本は国語の先生に言わせると図鑑だって言うんだよ」
お母さん「あら、図鑑じゃダメだったの？　先生は、本の種類を指定しなかったのよね？」
男の子「そうなんだよ。だから、大好きな鉄道図鑑を読んで発表したんだけれど、それは感想じゃないって言われたんだ」

お母さん「あなたは、好きな鉄道についてちゃんとお話ししたんでしょ？」
男の子「もちろんだよ！　どこの路線を走っていて、何年に造られたかとか、どんな性能があるかとかをしっかり話せたのに。何がダメだったのかよくわからないんだ」
お母さん「それを聞いたら、あなたが何に興味があるのかはっきりわかるはずなのにね。先生は鉄道が苦手なのかしら？」
男の子（お母さんには通じるんだよな……）

●【A（聴覚）とK（体感覚）】お母さんがA、男の子がK

お母さん「今日は学校のことについて、何か報告はある？　一時間目に国語の発表があるって聞いてたけれど、何の発表をしたの？」
男の子「う〜ん、別に……」
お母さん「別にじゃないでしょ。発表は？」
男の子「あんまり」
お母さん（あんまりって何よ。何もわからないわ）
「だから、発表はしたの？　しなかったの？」

男の子（あ～、面倒くさい。したか、しなかったかを聞いているんだからこう言えばいいか）
「しなかった」

お母さん「しなかったって、あなたの順番だったんでしょ？　どういう理由でしなかったの？」

男の子「できてなかったから」

お母さん「できていないって？」

男の子（あ～もう！　お腹すいているのに！）
「もう、いいよ。お腹すいた。おやつ何？」

お母さん（もう、何もわからないわ。仕方ない、あとで、J子ちゃんのママに聞こう）

男の子（お母さんはぼくのことわかってないなぁ……）

● **【K（体感覚）とV（視覚）】お母さんがK、男の子がV**

お母さん「今日はどんな感じだったの？」

男の子「今日は、国語があって、発表したんだ。ちょっと緊張したけれど、うまくできたと思うよ。先生も笑顔だったしね！」

お母さん「そう。よかったね！」
男の子「あ、そうだ！　これから友達と公園に行くんだけれど、この前買ってもらったオモチャどこだっけ？　今日見せる約束したんだよ。あと、おやつも出して！　お腹すいちゃった～」
お母さん「あら。そうなのね。オモチャって……どれのこと？」
男の子「えぇ!!　ほら、この前お父さんと一緒に出かけたときに買ってくれたやつだよ！　赤いやつ」
（もー、お母さんはのんびりしてるなぁ）
お母さん「あ～、あ～、アレね」
（この子はせっかちね）
男の子「早く出して!!　おやつも忘れないでよ～！」
（お母さん、大丈夫かな？　わかってるかな？）

●【K（体感覚）とA（聴覚）】お母さんがK、男の子がA

お母さん「今日はどんな感じだったの？」
男の子「お母さん、どれのことを聞いているの？」

（感じって言われても困るなぁ）

お母さん「勉強とか、お友達とか、どんな一日だったかな、って思って」

（この子は自分で考えるのが苦手なのかしら）

男の子「勉強は、国語の発表があって、友達はM君とN君と昼休みに遊んだよ」

お母さん「それで？」

（どんなことを感じたのかしら？　何を思ったのかしら？）

男の子「それでって？」

（お母さんは、何を聞いているのかわからないよ）

お母さん（この子は、何も感じないのかしら？　情緒面が心配だわ）

「発表はうまくいったの？　感想は？」

男の子「本のことを発表したよ。鉄道のこと。みんなあんまり知らないんだよ。あのくらい誰でも知っていると思ってたんだけどな」

お母さん「あら、そうなの。あなたは鉄道のこと詳しいものね」

男の子「うん。一番好きな鉄道はね！………」↑説明が止まらない

お母さん（鉄道は全然わからないわ。この子オタクっぽいところがあるのよね）

●【K（体感覚）とK（体感覚）】お母さんも男の子も、共にK

お母さん「今日はどんな感じだったの？」
男の子「えっと……んー、別に何もなかったんだけれど……」
（ただ、ちょっとスッキリ元気って感じじゃないかなぁ）
お母さん「うん」
（なんとなく、何かあった感じね）
男の子（そうだ、国語の時間がうまくできなかったな）
「ただ……」
お母さん（あ、思い出したかな？）
「うん？」
男の子「国語の発表があったんだけれど、上手にできなかったかもしれない」
お母さん「あら。そうだったのね。少しがっかりしてるのかな？」
男の子「うん。うまくしゃべれなかったんだよ」
（お母さんの前だと緊張しないし、話せるんだけどな）

〈著者略歴〉
朝妻秀子（あさづま　ひでこ）
1959年東京都生まれ。大妻女子大学短期大学部卒業。メーカー勤務後、結婚を機に退職。専業主婦として家事、育児に専念するも、子育ての悩みがきっかけで38歳にして心理学を学び始める。2007年に独立し、株式会社東京・ビジネス・ラボラトリーを設立。心理カウンセリング、心理カウンセラー育成、心理学セミナーなどを行う。自らの子育て経験と、年間1000時間以上の臨床実績に裏づけられたカウンセリングは、リピート率99%。多くの親子、家庭を問題解決へと導いてきた。
著書に、『子どもが本当は欲しがっている お母さんの言葉』（青春出版社）、『自分を知れば、経営が変わる！』（カナリア書房）がある。

男の子の将来が決まる！ 10歳までの「言葉がけ」
2016年10月4日　第1版第1刷発行
2017年11月2日　第1版第4刷発行

著　者　朝妻秀子
発行者　清水卓智
発行所　株式会社ＰＨＰエディターズ・グループ
〒135-0061　江東区豊洲5-6-52
☎03-6204-2931
http://www.peg.co.jp/
発売元　株式会社ＰＨＰ研究所
東京本部　〒135-8137　江東区豊洲5-6-52
普及部　☎03-3520-9630
京都本部　〒601-8411　京都市南区西九条北ノ内町11
PHP INTERFACE　http://www.php.co.jp/
印刷所
製本所　図書印刷株式会社

ISBN978-4-569-83164-0